Anita Partanen

# ANNALENA BAERBOCK

## Die Biografie

Anita Partanen

# ANNALENA BAERBOCK

## Die Biografie

riva

**Bibliografische Information der Deutschen Nationalbibliothek**
Die Deutsche Nationalbibliothek verzeichnet diese Publikation in der Deutschen Nationalbibliografie. Detaillierte bibliografische Daten sind im Internet über http://dnb.d-nb.de abrufbar.

**Für Fragen und Anregungen**
info@rivaverlag.de

**Wichtiger Hinweis**
Ausschließlich zum Zweck der besseren Lesbarkeit wurde auf eine genderspezifische Schreibweise sowie eine Mehrfachbezeichnung verzichtet. Alle personenbezogenen Bezeichnungen sind somit geschlechtsneutral zu verstehen.

1. Auflage 2021

Türkenstraße 89
80799 München
Tel.: 089 651285-0
Fax: 089 652096



Redaktion: Redaktionsbüro Diana Napolitano
Umschlaggestaltung: Marc Fischer
Umschlagabbildung: imago images/0095891555
Layout und Satz: Andreas Linnemann
Druck: GGP Media GmbH, Pößneck
Printed in Germany

ISBN Print 978-3-7423-1959-3
ISBN E-Book (PDF) 978-3-7453-1694-0
ISBN E-Book (EPUB, Mobi) 978-3-7453-1695-7

Wir produzieren nachhaltig
www.m-vg.de

Weitere Informationen zum Verlag finden Sie unter
**www.rivaverlag.de**
Beachten Sie auch unsere weiteren Verlage unter www.m-vg.de

# INHALT

# PROLOG

»Schönen guten Tag!«

Im Grunde begann alles damit, dass Annalena Baerbock am Rednerpult stehend ein Glas Wasser zu ihrem Mund führte und mit Blick in die Kameras einen »Schönen guten Tag!« wünschte. Danach sprach sie gut elf Minuten – und am Ende ihrer Rede war das Phänomen Baerbock geboren.

All das fand an einem Montag statt, und zwar dem 19. April 2021. Jenem Tag also, an dem die Bundesvorsitzende der Grünen als Kanzlerkandidatin der Partei vorgeschlagen wurde. Zu einem Phänomen wurde Baerbock allerdings nicht allein durch die Tatsache, dass sie sich nun als erst zweite Frau nach Angela Merkel um das höchste Regierungsamt bewarb. Vielmehr schaffte sie es nicht zuletzt mit ihrer Bewerbungsrede, sich und ihre Partei als Option für die gesamte Wählerschaft ins Gespräch zu bringen. Und ihr gelang genau das, weil sie eben nicht allein klassisch grüne Themen ansprach, sondern auch das, was jene Wähler hellhörig machte, die bislang mit den Grünen wenig anzufangen wussten.

In ihren elf Minuten am Rednerpult machte Baerbock die Grünen endgültig zu einer Volkspartei – ohne die langjährigen Stammwähler vor den Kopf zu stoßen. Vor allem schaffte sie es in diesen elf Minuten auch, glaubwürdig zu wirken, ohne den Anschein eines Anbiederungsversuches zu erwecken. Das gelang unter anderem mit dem Verweis darauf, dass man die Partei öffnen wolle. Dass die Grünen Politik für die »Breite der Gesellschaft« machen wollten.[1]

Dieser gesamten Gesellschaft wolle sie ein Angebot machen: dieses vielfältige und reiche Land in eine gute Zukunft zu führen. Dafür seien Veränderungen notwendig, Veränderungen die machbar seien - die jedoch auch wirklich durchgeführt werden müssten.

Als das gesagt war, begann quasi der Rundumschlag, der besagte Gesamtgesellschaft ins Boot holen sollte. Dieser Rundumschlag umfasste die Themen Kitas, Pflegekräfte, Digitalisierung, Diversität, Werte und auch die wehrhafte Demokratie. Der Klimaschutz kam außerdem zur Sprache - als Basis für Wohlstand und Sicherheit. Und damit auch beim Klimaschutz wirklich jeder angesprochen wurde, sprach Annalena Baerbock davon, dass dieser Klimaschutz die Pendler auf dem Land ebenfalls berücksichtige. Angesprochen wurden zudem Alleinerziehende mit geringem Einkommen, Industriearbeiter - letztlich, sagte sie, gehe es darum, dass alle gut leben könnten.

Als sie weitersprach, war immer noch der Klimaschutz das Thema, doch nun schaffte Baerbock es noch einmal auf gänzlich andere Weise, weitere Menschen - und damit mögliche Wähler - für sich und ihre Ideen zu gewinnen. Nun ging es um den emotionalen Moment, in dem sich bei der UN-Klimakonferenz in Paris im Dezember 2015 nicht weniger als 197 Staaten auf ein neues globales Klimaschutzabkommen einigten - gleichzeitig vergaß die designierte Kanzlerkandidatin aber nicht, darauf hinzuweisen, dass sie diesen Moment gemeinsam mit ihrer damals sechs Monate alten Tochter erlebte.

Und während Annalena Baerbock weiter über den Klimaschutz sprach, schaffte sie es auch, einen Seitenhieb auf die nahezu gesamte etablierte Politik zu verteilen.

Nicht nur zum Thema Klimaschutz habe man in den vergangenen Jahren zur Genüge gehört, was denn alles nicht gehe, nicht möglich sei. Nun aber zähle, was alles gehe, was alles möglich sei.

Und dann sagte sie noch etwas, das vielen anderen Politikern zum Verhängnis geworden wäre, das aber ebenfalls durchweg positiv aufgenommen wurde. Sie wolle nämlich verändern, statt zu versprechen. Niemand hinterfragte den Umstand, dass sie ja noch gar nicht in der Lage war, wirklich etwas zu verändern – sodass dieser Satz ja im Grunde nichts anderes als ein Versprechen darstellte, von dem niemand wissen konnte, ob es überhaupt jemals eingelöst würde.

All das geschah in besagten gerade einmal elf Minuten und es geschah ohne den bollernden Ton, der manche Politikerreden oftmals schwer erträglich macht. Dass diese elf Minuten aber genauso abliefen, wie sie eben abliefen, machte sie am Ende zu etwas Besonderem. Und es machte die Rede nicht zuletzt auch zur Initialzündung eines Phänomens. Denn jetzt war Annalena Baerbock in aller Munde. Nicht nur, weil sie die erst zweite Kanzlerkandidatin der Geschichte der Bundesrepublik war. Vor allem aus dem Grund, weil sich die Menschen fragten, warum sie diesen Worten mehr Glauben schenkten, als es bei manch anderem Politiker der Fall ist.

Nicht wenige fragten sich außerdem, warum sie es überhaupt für möglich hielten, bei der nächsten Wahl ihre Stimme den Grünen zu geben – woran sie zuvor niemals gedacht hatten. Was letztlich zu der einen Frage führte, die in diesem Buch beantwortet werden soll: Wer ist diese Annalena Baerbock eigentlich? Wie schafft sie es, die Grünen zu immer neuen Hochs der Zustimmung zu führen, ohne die klassischen Rattenfänger-Tricks der Politik zu nutzen? Und: Wie will sie es schaffen, jenen Fallen auszuweichen, in die vor der letzten Wahl vor vier Jahren SPD-Kandidat Martin Schulz stapfte, dessen Weg vom Umfrage-Hoch zum schlechtesten Ergebnis seiner Partei in der Nachkriegsgeschichte führte?

# WIE ALLES BEGANN – DAS JAHR 1980 ALS »URKNALL«

## Geburt einer Partei – und einer Kandidatin

Zu sagen, dass Annalena Charlotte Alma Baerbock 1980 in Hannover geboren wurde, ist nur eine Hälfte der Geschichte, die zu ihrer Kanzlerkandidatur im Jahr 2021 führen sollte.[2] Nicht zu unterschätzen ist in diesem Zusammenhang die Tatsache, dass sie damit das gleiche Alter wie die Partei hat, für die sie nun antritt.

Die Partei Die Grünen wurde ebenfalls im Jahr 1980 offiziell gegründet, auch wenn ihre Geschichte noch länger zurückreicht – was wiederum ebenfalls eng mit dem Leben der Annalena Baerbock verflochten ist.[3] Die Geschichte der Partei, die nun die Kanzlerin stellen will, begann mit einer ganzen Reihe von Protestbewegungen, die sich schließlich unter einem Dach vereinen sollten. Protestbewegungen, deren Wurzeln sich in den 70er- wie in den 60er-Jahren finden. Dazu zählte etwa die Studentenbewegung, die heute meist als linksgerichtete, gesellschaftskritische und politische Protestbewegung bezeichnet wird, die sich nicht zuletzt gegen eine »kapitalistische Ausbeutung« der Menschen zur Wehr setzen wollte. Man protestierte gegen den Vietnamkrieg ebenso wie gegen den Axel-Springer-Verlag und dessen Publikationen wie die *Bild*-Zeitung. Immer wieder und immer mehr wurde in diesem Zusammenhang auch die Polizei zu einem Feindbild – etwa nach der Erschießung des Studenten Benno Ohnesorg nach einer Demonstration im Jahr 1967.

In den 70er-Jahren kamen schließlich weitere Protestbewegungen hinzu, deren Beweggründe sich teilweise überlappten. Was etwa für die Umwelt- und die Anti-Atomkraftbewegung gilt. So kam es 1974 zu Protesten gegen den Bau eines luftverschmutzenden Chemiewerkes im elsässischen Marckolsheim[4], während im gleichen Zeitraum die Menschen im baden-württembergischen Whyl gegen den Bau eines geplanten Atomkraftwerks auf die Straße gingen.[5] Hinzu kam dann noch die Friedensbewegung, die ab 1977 nach der Entwicklung der Neutronenbombe durch die USA weltweit einen neuen Aufschwung erlebte.[6] Ergänzt wurde all das durch die Frauenbewegung, die 1971 zu Protesten gegen den Paragrafen 218 führte, der einen Schwangerschaftsabbruch unter Strafe stellte.

All diese Proteste und die Unzufriedenheit der Protestierenden mit der aktuellen gesellschaftlichen oder politischen Situation führte schließlich dazu, dass seit 1976 immer mehr Wahlbündnisse bei den Wahlen antraten – zunächst allerdings mit überschaubaren Erfolgen. Vor allem in den Großstädten traten immer wieder »Alternative« oder »Bunte« Listen an. Aber auch in den Flächenländern stellte sich etwa die Grüne Liste Umweltschutz in Niedersachsen oder die Grüne Liste Schleswig-Holstein zur Wahl. In der Regel aber scheiterten die Versuche an der Fünf-Prozent-Hürde.

Entscheidend verändern sollte sich die Lage jedoch im Jahr 1979. Denn nun trat bei der Europawahl die »sonstige Politische Vereinigung« Die Grünen an. Eine solche Vereinigung ist eine Wählergruppe, die nicht den Status einer Partei für sich beansprucht. Gesicht dieser Vereinigung war vor allem Petra Kelly, die einst gegen den Vietnamkrieg protestiert hatte, die sich 1968 im US-Präsidentschaftswahlkampf für Robert Kennedy engagierte, die dann in der Europäischen Kommission in Brüssel arbeitete und die schließlich 1979 Vorstandsmitglied des Bundesverbandes Bürgerinitiativen Umweltschutz (BBU) wurde.[7] Dass Kellys Leben im Jahr 1992 tragisch enden sollte, konnte zu jener Zeit natürlich niemand ahnen.[8]

1979 erlebte Kelly vielmehr einen kleinen Triumph, als sie gemeinsam mit dem ehemaligen CDU-Bundestags-Abgeordneten Herbert Gruhl als Spitzenkandidatin bei der Europawahl 3,2 Prozent der Stimmen erhielt. Das bedeutete neben Anerkennung auch Geld: Denn die »sonstige Politische Vereinigung« Die Grünen erhielt eine Wahlkampfkostenerstattung in Höhe von 4,5 Millionen Deutschen Mark. Diese Summe wollte man nun nutzen, um die Vereinigung zu einer bundesweiten Partei weiterzuentwickeln.

Inzwischen ging es mit der Bewegung auch in Deutschland aufwärts. So überwand die Bremer Grüne Liste im Jahr 1979 erstmals die Fünf-Prozent-Hürde und zog in das Landesparlament ein.[9] Ebenfalls 1979 gründeten sich erste Landesverbände der ökologischen Bewegung als »Grüne«. Dann kam das Jahr 1980, und aus grünen Listen sowie Landesverbänden wurde eine echte Partei. Am 12. und 13. Januar wurden Die Grünen als Partei gegründet, außerdem wurde ein Grundsatzprogramm verabschiedet, das die Eckpfeiler dessen formulierte, wofür die neue Partei stehen wollte und sollte.

Schon der erste Satz des Programms unterstrich das damalige Selbstverständnis, lautete er doch »Wir sind die Alternative zu den herkömmlichen Parteien«. Weiter enthielt das Programm die Forderung, alle Atomkraftwerke stillzulegen, man forderte die einseitige Abrüstung Deutschlands sowie die Auflösung der sich damals im Kalten Krieg gegenüberstehenden Militärblöcke der Nato und des Warschauer Paktes. Außerdem standen Die Grünen für eine 35-Stunden-Woche bei vollem Lohnausgleich und wollten die Abschaffung des »Abtreibungsparagrafen« 218.[10]

Doch die Gründungsphase der Partei war nicht allein von hochgesteckten Zielen gekennzeichnet. Alsbald hatte man es mit internen Streitigkeiten zu tun. Wählte die erste Bundesversammlung im März in Saarbrücken neben Petra Kelly und Rolf Stolz noch August Haußleiter zu ihrem Sprecher, musste Haußleiter schon bei der nächsten Bundesversammlung im Juni sein Amt abtreten – es waren nationalistische Äußerung Haußleiters aus den 50er-Jahren öffentlich geworden. Außerdem wurde bei der Versammlung die gerade erst angetretene Schatzmeisterin Grete Thomas abgewählt – sie hatte ein Parteimitglied von einem Privatdetektiv beobachten lassen, weil sie vermutete, es könne sich um einen Agenten des Verfassungsschutzes handeln.

Solche internen Querelen sollten die Geschichte der Grünen noch manches Jahr begleiten. Vor allem fehlte es der Partei zunächst aber an messbarem Erfolg. Zwar traten Die Grünen nun bei der Bundestagswahl 1980 erstmals offiziell an. Der Erfolg fiel mit gerade einmal 1,5 Prozent der Stimmen überaus bescheiden aus. Was jedoch gar nicht mal an der neuen Partei, ihrem Programm oder ihren Kandidaten lag. Vielmehr hatten die Wähler damals ein vollkommen anderes Thema im Kopf. Denn während für die SPD der mittlerweile schon legendäre Helmut Schmidt um Stimmen warb, trat auf der Gegenseite der bayrische Ministerpräsident Franz-Josef Strauß an. Zu sagen, dass Strauß jemand war, der polarisierte, wäre eine schamlose Untertreibung – viele Wähler hassten ihn und das wofür er stand regelrecht. Was eben dazu führte, dass sich kaum jemand um Die Grünen scherte. Nicht wenige Wähler gaben an jenem 5. Oktober der SPD und Schmidt ihre Stimme nur aus dem Grund, dass man einen Kanzler Strauß verhindern wollte.[11] Mit Erfolg: Schmidt wurde bestätigt. Die Grünen wiederum ließen sich von dem enttäuschenden Ergebnis nicht beirren und feierten bald darauf bei Landtagswahlen bereits wieder deutliche Erfolge, nahmen in Berlin, Niedersachsen, Hamburg und Hessen die Fünf-Prozent-Hürde.

Wer sich nun fragt, was all das mit Annalena Baerbock zu tun hat, bekommt auf diese Frage eine ebenso kurze wie deutliche Antwort: alles. Denn diese und weitere noch folgende Fakten sind das, was Baerbocks Elternhaus und bald auch sie selbst prägen sollten. Die Parteigründung war nämlich nicht nur das Ergebnis der vielen Bewegungen jener Zeit, nach und mit der Gründung verstärkten sich Protestbewegungen sogar noch einmal sehr deutlich.

So erreichte etwa die Friedensbewegung im Jahr 1983 ihren Höhepunkt, als deutschlandweit nicht weniger als 1,3 Millionen Menschen auf die Straßen gingen, um gegen

Atomwaffen zu demonstrieren. Die wohl größte Demonstration fand im Bonner Hofgarten statt, wo sich nach konkurrierenden Angaben 200 000 bis 500 000 Menschen versammelten und Reden des Nobelpreisträgers Heinrich Böll sowie des damaligen SPD-Vorsitzenden Willy Brandt hörten.[12]

Geholfen hat all der Einsatz wenig. Denn am 22. November 1983 kam es im Deutschen Bundestag zu einer Diskussion über die Stationierung amerikanischer Mittelstreckenraketen im Land - alle etablierten Parteien sprachen sich dafür aus und unterstützten somit das damalige Wettrüsten.[13] Die Friedensbewegung musste sich daraufhin ihr Scheitern eingestehen. Und weil man nun im Grunde nicht mehr wusste, gegen was man noch demonstrieren sollte, fiel die Friedensbewegung letztlich in sich zusammen. Allerdings herrschte daraufhin nicht plötzlich völlige Ruhe im Land, denn viele der Friedensbewegten fanden sehr schnell neue - oder gar nicht so neue - Ziele, für die es sich zu kämpfen lohnte.

# KINDERJAHRE EINER (MÖGLICHEN) KANZLERIN

Zwischen Gorleben und Trampolin

Annalena Baerbock hat immer wieder davon erzählt, dass zu ihren frühen Kindheitserinnerungen auch die Teilnahme an Demonstrationen gegen das Atommülllager in Gorleben zählt. Dort habe allerdings nicht sie selbst protestieren wollen, vielmehr hätten ihre friedensbewegten Eltern sie mit zu Demonstrationen in den Ort im nordöstlichen Niedersachsen genommen.[14] Trotzdem habe es sich bei ihrem Zuhause nicht um eine hochpolitische Familie gehandelt, es sei vielmehr eine Art »Hippie-Haushalt« gewesen.[15]

In diesen Haushalt wurde Annalena Charlotte Alma Baerbock am Montag den 15. Dezember 1980 in Hannover geboren. Über die Zeit danach hat die Politikerin heute wenig zu erzählen. Wenn überhaupt, dann erzählt sie davon, bald in einem niedersächsischen Dorf gelebt zu haben. Doch das ist nur ein Teil der Geschichte. Im Grunde folgte nach ihrer Geburt eine Art Deutschlandreise: Denn von Hannover ging es nicht direkt aufs Dorf, vielmehr zog die Familie quasi an das andere Ende der Republik – nach Nürnberg. Baerbock selbst erklärte dazu einmal, sie wisse, dass sie im Kindergartenalter eine Zeitlang in der fränkischen Großstadt gelebt habe, sie erinnere sich auch noch bruchstückhaft an einige Orte im Stadtteil Gostenhof.[16] Dass die Erinnerung derart bruchstückhaft ist, dafür gibt es einen Grund: Der Aufenthalt in Nürnberg währte nur kurz. Bereits im Jahr 1985 ging es zurück in die niedersächsische Heimat. Allerdings nicht direkt zurück in die Landeshauptstadt Hannover, sondern in das etwas südlich der Metropole liegende Pattensen –

einer Kleinstadt mit etwa 15 000 Einwohnern. Pattensen ist zwar klein, aber immerhin noch so groß, dass es sich in eine Reihe von Ortsteilen aufteilt. Einer davon ist Schulenburg, direkt an dem Fluss Leine. Genau dorthin zog es nun die Familie. Und zwar auf einen Bauernhof, den ihre Eltern - eine Sozialpädagogin und ein Maschinenbauingenieur zuvor saniert hatten. Dort sollte Annalena fortan mit den Eltern, zwei Schwestern und auch zwei Cousinen leben.[17]

Die Erinnerung an diese Zeit ist etwas umfassender als das, was der Kandidatin von Nürnberg im Gedächtnis geblieben ist. So erinnert sie sich etwa an den Geruch von Zuckerrüben, nur spielt ihr in diesem Fall wohl die Erinnerung einen Streich. Denn an sich riechen diese Rüben nicht wirklich. Wenn sie einen Geruch haben, dann den der Erde, aus der man sie geholt hat. Gibt es einen erinnerungswürdigen Geruch der Rüben, dann ist es derjenige, der entsteht, wenn sie in der Fabrik verarbeitet werden – dann trägt der Wind nämlich wirklich einen süßlichen Geruch in die gesamte Umgebung, der sich in der Erinnerung des Menschen festsetzen kann, und es meist auch über viele Jahre und Jahrzehnte tut.[18]

Doch auch an andere Dinge erinnert sich die Politikerin noch heute. Etwa daran, wie es war, im tiefsten Winter auf dem Dorfteich Eishockey zu speilen, Fußball hat sie damals ebenfalls gespielt. Ihre größte Leidenschaft allerdings sollte bald das Trampolin werden, auf dem sie jedoch nicht einfach nur zum Spaß herumhüpfte, sondern das sie als wirkliches Sportgerät nutzte, und auf dem sie es auch zu einer gewissen Meisterschaft brachte - im Wortsinne. Denn während ihrer gesamten Kindheit und Jugend betrieb sie das Trampolinspringen als regelrechten Leistungssport, nahm für den TSV Pattensen an Deutschen Meisterschaften teil und gewann dreimal Bronze im sogenannten Doppel-Mini-Tramp.

Das könnte in der Biografie der Annalena Baerbock eine Randnotiz bleiben, doch war es genau dieses Thema, auf das sich die Medien nach ihrer Kür zur Kanzlerkandidatin am intensivsten stürzten. Eben weil sich das Trampolin perfekt für seltsame Wortkonstruktionen eignet. Etwa, wenn es darum geht, die Kandidatin als »Senkrechtstarterin« zu bezeichnen oder über eine »Kür« zu sprechen.[19] Anderen Themen ihrer Kindheit und Jugend wurde dagegen in den Medien wesentlich weniger Raum eingeräumt. Weil sie nicht so nette Bilder hergeben, weil sie sich nicht so schön in ein harmloses Berichtskorsett zwängen lassen. Wie etwa die Erinnerung an die Proteste in Gorleben, an denen sie als Kind mit ihren Eltern teilnahm. Diese Erinnerung aber dürfte für ihren weiteren politischen Weg deutlich einflussreicher gewesen sein, als ihre Zeit des Trampolinspringens. Denn das Thema Gorleben begleitet die Bundesrepublik seit nunmehr gut 30 Jahren. Und gerade jene Proteste, die Baerbock als Kind miterlebte, dürften sich ihr tief eingeprägt haben.

Bei den Protesten ging es um die Planungen, in einem Salzstock unterhalb von Gorleben ein sogenanntes Endlager für Atommüll einzurichten. Die Entscheidung für dieses Endlager war bereits 1979 gefallen, doch schnell regte sich der Widerstand gegen diese Pläne. Eine der ersten Protestaktionen war der sogenannte Gorleben-Treck im Jahr 1979. 1980 dann wurde an einem Bohrloch ein Hüttendorf errichtet, die »Republik Freies Wendland«. Bald schon besetzten bis zu 5000 Demonstranten die verschiedenen Bohrlöcher. Im Juli jenes Jahres schließlich wurde das Hüttendorf geräumt. Was jedoch nicht das Ende der Proteste bedeutete, sondern vielmehr erst den Anfang der nun schon jahrzehntelangen Protestgeschichte rund um Gorleben.

In der Folgezeit wurden die Gorleben-Proteste fast schon zu einer ständigen Einrichtung, und auch zu einer nicht ungefährlichen Sache, bei der Kinder eigentlich fehl am Platz waren. So setzte die Polizei etwa bei Protesten im September 1982 Wasserwerfer ein, als 10 000 Menschen gegen den Baubeginn der Lagerhallen auf die Straße gingen – mit der Folge, dass sitzende Demonstranten Rippenbrüche, Rücken- und auch Nierenverletzungen erlitten. Die Verletzten erhoben Klage, und die Sache ging schließlich bis vor das Bundesverfassungsgericht.[20]

1984 dann ging es wirklich los mit dem realen Atommüll. Wieder gab es Menschenketten und Sitzblockaden. Die Ankunft der Atommüllfässer im Oktober des Jahres konnten die Menschen jedoch nicht verhindern. Aber sie protestierten weiter. 8000 Menschen etwa versammelten sich 1988.

1990 sollte eine sogenannte Pilot-Konditionierungs-Anlage (PKA) als Ergänzung zu Zwischen- und Endlager für den Atommüll eingerichtet werden. Während zunächst nur einige Hundert Gegner auf dem Baugelände demonstrierten, wurde wenig später klar, dass die inzwischen erfolgte Deutsche Wiedervereinigung auch das Thema Atommüll zu einem gesamtdeutschen Thema machte: Am 5. Februar versammeln sich 1990 in Gorleben 5 000 Demonstranten zur ersten deutsch-deutschen Anti-Atom-Demonstration.

1995 markierte den Beginn der nächsten Eskalationsstufe der Proteste rund um den Atommüll und Gorleben. Nun wurden per Bahn sogenannte Castor-Behälter in Richtung Niedersachsen geschickt – also Spezialbehälter mit hochradioaktiven Materialien wie abgebrannten Brennelementen aus Atomkraftwerken. Wieder versuchten Tausende, diese Transporte zu verhindern. Die Gegenseite schickte nicht weniger als 6 500 Polizisten zum Schutz des Transportes auf den Weg, ausgerüstet mit Schlagstöcken und wieder auch Wasserwerfern.[21]

Die Aufzählung der Proteste ließe sich nahezu unendlich fortführen. Wichtig aber ist vor allem, dass diese Proteste bundesweit ein bedeutendes Thema waren – sie waren es aber vor allem in Niedersachsen, wo Annalena Baerbocks Heimatort Schulenburg nicht mehr als 150 Kilometer entfernt von dem weiter nördlich gelegenen Gorleben war und ist.

Wie sehr sie all das in ihrer Kindheit und Jugend geprägt hat, das erzählte Annalena Baerbock im Jahr 2014 im Rahmen eines Gesprächs in der Reihe »Wege in die Politik« des Deutschen Bundestages. Schon als Kind hätten sie globale Herausforderungen und die mögliche Zerstörung des Planeten aus irgendeinem Grund »sehr bewegt«.[22] In Ihrem Kinderzimmer habe sie an der Wand ein Greenpeace-Poster aufgehängt, dessen Botschaft der darauf gedruckte Spruch war »Erst wenn der letzte Baum gerodet, der letzte Fluss vergiftet, der letzte Fisch gefangen ist, werdet ihr feststellen, dass man Geld nicht essen kann«.

Dieser Spruch fand vor allem in den 80er-Jahren eine immense Verbreitung, war Wahlspruch der US-amerikanischen wie auch der deutschen Umweltbewegung. Hinter dem Satz, glaubte man lange, verberge sich eine Weissagung der Cree, einem indigenen Volk Nordamerikas. Ob das wirklich stimmt, das ist allerdings bis heute nicht vollständig und zweifelsfrei geklärt. Doch für die Kinder der 80er war es im Grunde egal, worauf dieser Satz beruht – wichtig war vor allem die Botschaft, die ja nichts anderes besagt, als dass die Natur zu schützen und zu ehren ist.

Für Annalena Baerbock war der Satz daher auch ein Auslöser, dass sie in der Schule in der Umwelt-AG aktiv wurde, wie sie in dem Gespräch weitersagte.[23] Doch sie beließ es eben nicht allein bei Umweltdebatten, früh schon trieben sie auch weltpolitische Themen um – in einer Art und Weise jedoch, mit der sie sich nicht nur Freunde machte.

Im Jahr 1990, als Annalena Baerbock gerade einmal zehn Jahre alt war, begann das, was entweder als Zweiter Golfkrieg oder Erster Irakkrieg bezeichnet wird. Im August 1990 hatte der Irak das benachbarte Kuweit erst besetzt und dann annektiert. 1991 begann daraufhin eine internationale Koalition unter Führung der USA mit Kampfhandlungen, die zur Befreiung Kuweits führen sollten. Die Kämpfe forderten unzählige Opfer vor allem in der Zivilbevölkerung. Außerdem führten eingesetzte Uran-Geschosse zu Umweltschäden.

Die junge Annalena wollte gemeinsam mit einer Freundin gegen den Krieg protestieren und forderte vor diesem Hintergrund, dass an der Schule als Zeichen des Protests kein Fasching gefeiert wird. Das sei sicher auch ein Indiz dafür, dass sie als Kind stark durch ihre Eltern geprägt gewesen sei, erklärte Baerbock in dem Gespräch weiter. Denn die hätten sie eben immer wieder einfach mitgenommen, zu den Protesten und Demonstrationen gegen Atomkraft oder gegen den Nato-Doppelbeschluss. Auch Diskussionen über die Krisen in der Welt hätten in der Familie einfach zum Alltag gezählt. Und zunächst war es dann auch so, dass gerade die Krisen und nicht die Umwelt ihr Bild von der eigenen Zukunft entscheidend beeinflussten. Denn ihr Berufswunsch habe zunächst gar nichts mit dem Thema Politik zu tun gehabt. Sie wollte vielmehr direkt über diese Krisen und über die Kriege und deren Folgen berichten. Die junge Annalena Baerbock habe daher Reporterin werden wollen, genauer gesagt eine Art Kriegsreporterin, die sich in die Krisenregionen aufmacht und dann direkt von dort berichtet.

Das Engagement und breite Interesse der jungen Annalena blieb auch ihren Lehrern nicht verborgen, die sich unter anderem aus diesem Grund bis heute an sie erinnern. So sagte der Schulleiter ihres ehemaligen Gymnasiums unlängst, er erinnere sich bei Annalena Baerbock an eine »aufmerksame, kritische Schülerin«, und die habe dann auch ein »ordentliches Abitur« gemacht. Insgesamt habe er vor allem viele gute Erinnerungen an seine ehemalige Schülerin.[24]

Doch bevor diese Schülerin das Abitur bestand, machte sie in ihrem Leben noch eine ganz andere, prägende Erfahrung. Nämlich die, sich als Fremde zu fühlen, sich nicht wie gewohnt in ihrer Heimatsprache verständlich machen zu können. Im Alter von 16 Jahren ging sie für ein Jahr nach Amerika und besuchte eine Highschool in Florida. Dort angekommen musste sie sehr schnell feststellen, wie stark eine Sprachbarriere den wirklichen Austausch beeinträchtigen kann. Zwar sprach sie schon damals Englisch, aber eben nicht so perfekt, dass die Menschen etwa die Ironie erkannten, mit der sie in ihrer Heimatsprache zu glänzen wusste. Sie habe damals gedacht, die Menschen und ihre Mitschüler würden gar nicht verstehen, wer sie wirklich sei. Bei der Bewältigung dieses Frusts habe ihr in jener Zeit der Sport geholfen, dieses Mal jedoch nicht das Trampolin, sondern der Fußball. Am Ende des USA-Aufenthalts stand trotz der Anlaufschwierigkeiten und des ständigen Heimwehs für sie eine wichtige Erkenntnis: Jeder Mensch sollte einmal im Leben die Erfahrung machen, was es eigentlich bedeutet, ein Fremder in einem fremdem Land zu sein. Sich nicht wie gewohnt verständigen zu können, und immer wieder dem Risiko ausgesetzt zu sein, missverstanden zu werden.[25]

Auch die Erfahrung mit anderen politischen Systemen als dem der Heimat sei für einen Menschen durchaus nicht unwichtig – wie Baerbock später noch erfahren sollte. Doch aus den USA ging es erst einmal zurück in die deutsche Heimat, wo sie ihr Abitur machte. Aber mit der Eindeutigkeit der Zukunftspläne ging es nun nicht mehr so eindeutig weiter, wie es in der Kindheit und frühen Jugend den Anschein hatte. Denn die designierte Kriegsreporterin studierte nun nicht Journalismus oder besuchte etwa eine der etablierten Journalistenschulen. Als Studienfächer wählte sie vielmehr Politikwissenschaft, öffentliches Recht und Völkerrecht – in Hamburg und London.

Gänzlich gebrochen allerdings hatte sie mit dem Berufswunsch Journalistin zu dieser Zeit noch nicht. So arbeitete die 18-Jährige während des Studiums in Hamburg auch als Freie Mitarbeiterin für die *Hannoversche Allgemeine Zeitung* (HAZ). Aus dieser Zeit hängt ihr bis heute ein ganz bestimmter Satz aus einem ihrer Artikel nach, der mit einem Augenzwinkern als früher Hinweis auf ihre spätere Grüne-Politik-Karriere gewertet wird. Dieser Satz lautet »Rot macht mich aggressiv«. Dabei handelte es sich jedoch nicht um ein Statement in Richtung der SPD, es ging vielmehr um Ampeln, Rotlicht und die Staus.[26]

Sie verfolgte den Wunsch nach einer journalistischen Karriere während des Studiums noch weiter, etwa indem sie beim Norddeutschen Rundfunk ebenso wie bei der Deutschen Presse-Agentur hospitierte. Auf der anderen

Seite nahm ihr Studium sie immer mehr in Anspruch. Dazu zählte auch ein Abstecher nach London an die London School of Economics, wo sie auf unerwartete Art und Weise, wie schon in den USA, mit nationalen Besonderheiten konfrontiert wurde. Dort habe sie die Möglichkeiten des Deutschen Gesundheitssystems schätzen gelernt, als sie an einer schweren Nieren-Entzündung litt.

# LENCHEN, DIE KANDIDATIN

Presse oder Politik?

Doch das alles verdeutlicht kaum, wer und wie die junge Annalena Baerbock wirklich war. Zum Glück gibt es aber nicht nur ihren eigenen Blick auf die Erfahrungen aus dieser Zeit, vielmehr gibt es auch Menschen, die sich an Annalena Baerbock als Studentin erinnern.

Eine dieser Personen ist Malte Müller-Michaelis, und der schlug tatsächlich eine Laufbahn als Journalist ein. Heute ist Müller-Michaelis Redakteur des Nachrichtenmagazins *Der Spiegel*, in dem er auch seine Erinnerungen an die gemeinsame Studienzeit im Rahmen eines Artikels unter der Überschrift »Lenchen, die Kandidatin« veröffentlichte.[27]

Der Autor beginnt seinen Rückblick mit dem Hinweis auf eines seiner Lieblingsfotos. Dieses Foto sei fast 20 Jahre alt, er sei darauf nur von hinten zu sehen. Doch dieses Bild zeige eben nicht nur ihn, es seien darauf vier Menschen zu sehen, die sich mit ausgebreiteten Armen auf einer Kliff-Kante stehend an den Händen halten. Früher habe dieses Bild an der Wand einer Wohngemeinschaft im Hamburger Schanzenviertel gehangen. Und zwar in jener WG, in der die Person gewohnt habe, die auf dem Bild ganz rechts zu sehen sei, den Kopf leicht zur Seite gedreht – Annalena Baerbock. Damals sei er mit ihr und sie mit ihm gut befreundet gewesen, später habe man sich jedoch aus den Augen verloren.

Kennengelernt, berichtet Müller-Michaelis, hätten beide sich im April 2001 an der Hamburger Universität – in der sogenannten Orientierungseinheit zum Politikwissenschaft-Studium. Die erste Woche habe man in erster Linie damit verbracht, die Kneipen im Umfeld der Universität auszukundschaften. Man habe sich quasi jeden Abend in einer anderen Bar getroffen, habe viel getrunken, noch mehr gelacht und sei schließlich zu einer Gruppe zusammengewachsen.

Annalena Baerbock, so Müller-Michaelis, schien das Leben in der Metropole an der Elbe in vollen Züge zu genießen. Während dieser Zeit sei dann aus Annalena bald schon »Lenchen« geworden, was der allem Anschein nach durchaus recht gewesen sei. Sie habe noch Jahre später ihre E-Mails schlicht mit Lenchen unterzeichnet.

Mit dem Blick auf die Kanzlerkandidatin Baerbock schreibt der Autor aber auch, wie sehr sich diese in der Zwischenzeit verändert habe. Auf den ersten Blick könne er nur wenige Unterschiede zu der Kommilitonin von einst feststellen. Die Haare seien kürzer, die Kleidung sei erwachsener, außerdem rede Baerbock nicht mehr so schnell wie noch vor 20 Jahren. Doch wenn die Unterscheide auf den ersten Blick gering ausfielen, fehlten ihm doch Baerbocks einstige »Rotzigkeit« und ihr Sinn für Humor - den hintergründigen ebenso wie den platten.

Im zweiten Semester an der Universität dann hätten beide den seinen Worten zufolge »obligatorischen Methodenkurs« belegen müssen, und sie hätten dafür auch eine Umfrage durchführen müssen. Gemeinsam mit zwei weiteren engen Freunden habe man eine Arbeitsgruppe gebildet. Bei der Recherche zu seinem Artikel im *Spiegel* habe er auch noch das sogenannte Forschungsdesign gefunden, in dem die Studenten damals die Untersuchung zusammenfassten, die sich um die Abhängigkeit des Wahlverhaltens von den führenden politischen Persönlichkeiten habe drehen sollen. Die These habe seinerzeit gelautet, dass bei einer Wahl nicht die Inhalte eines Parteiprogramms zu den gewünschten Wählerstimmen führten, sondern viel wichtiger die Person sei, die eine Partei vertritt. Der Autor erklärte außerdem, er habe nun noch einen Freund aus der damaligen Arbeitsgruppe kontaktiert, der sich daran erinnert habe, gerade Annalena Baerbock hätte diese These entschieden verneint und auch dagegenargumentiert. Der Freund sei seinerzeit der Meinung gewesen, Die Grünen hätten ihre damalige Regierungsbeteiligung vor allem der Persönlichkeit Joschka Fischers zu verdanken. Baerbock dagegen glaubte, das richtige Programm zur richtigen Zeit habe die Wählerinnen und Wähler überzeugen können.

Zu welchem Ergebnis die damalige Untersuchung der Studenten dann jedoch gekommen sei, daran könne sich der Autor nicht mehr erinnern. Über die Persönlichkeit der jungen Annalena Baerbock zu jener Zeit, berichtet Müller-Michaelis, er habe die Kommilitonin als ausgesprochenen Harmoniemenschen kennengelernt. Aber auch als eine Frau, die wusste, was sie wollte. Wenn »Lenchen« etwas wirklich wollte, dann sagte sie dies auch sehr klar. Wollte sie wiederum etwas nicht, dann habe sie dies sogar noch klarer ausdrücken können. Gleichzeitig habe er sie jedoch nie als verbohrt erlebt, sie sei vielmehr immer auch kompromissbereit gewesen. Wobei es sich natürlich bei den Entscheidungen während der Studienzeit niemals um Dinge von weltpolitischer Tragweite gehandelt habe, wie sie eine eventuelle Kanzlerin zu treffen habe.

Die wichtigste Frage jener Zeit sei vielmehr eine gewesen, bei der in der Gruppe ohnehin breite Einigkeit herrschte. Denn wo man sich an jedem Donnerstag ab 22 Uhr treffen würde, das stand im Grunde immer auch schon vorab fest. Der Treffpunkt war der Kaiserkeller an der Großen Freiheit auf St. Pauli, unweit der Reeperbahn, wo man das nahende Wochenende bei dem »immer gleichen Alternative-Rock-Mix« einläutete. Mehr als diese Musik und das eine oder andere Bier seien nicht nötig gewesen, um einen gelungenen Abend erleben zu können. Dabei habe es vor allem einen Titel gegeben, zu dem »Lenchen« auf die Tanzfläche hüpfte: Dieser Song war »Nobody's Wife« von der niederländischen Sängerin Anouk – das Lied eroberte 1997 in ganz Europa die Charts. Der Text der Rock-Ballade dreht sich kurz gesagt darum, dass die Sängerin sich dafür entschuldigt, jemanden in die Verzweiflung getrieben, belogen und zum Weinen gebracht zu haben – das sei gemein, aber so sei sie eben. Sie wisse, dass sich alles irgendwann rächen werde, aber sie werde auch diesen Schmerz ertragen können. Sie werde niemals, niemals, niemals jemandem gehören.[28] Alles in allem also ein starkes Lied über eine starke und selbstbewusste Frau. Und als solche habe der Autor auch schon damals Baerbock wahrgenommen – sie sei selbstbewusst, smart und ehrgeizig gewesen.

Was sich auch bei anderen Freizeitaktivitäten während der Studienzeit bereits gezeigt habe. Etwa dann, wenn man tat, was man neben dem Tanzen und Studieren ebenfalls sehr häufig und sehr gern getan habe: nämlich Fußball spielen. Bei diesen Matches habe Müller-Michaelis immer lieber in Lenchens Team, als gegen das Team der Kommilitonin gespielt – denn die habe im Zweikampf damals schon mal die Ellenbogen ausgefahren und zur Not auch zur Grätsche ansetzen gekonnt.

Das Thema Fußball ist außerdem auch die Basis einer der peinlicheren Erinnerungen des Autors – peinlich für ihn, nicht für Annalena Baerbock. Die habe einst zu einer Geburtstagsparty eingeladen, allerdings fand am gleichen Abend die Weihnachtsfeier von Müller-Michaelis' Fußball-Mannschaft statt, dem FFC Nordlichter Norderstedt. Genau diese Feier habe er dann auch zuerst besucht. Wie in Hamburg nicht unüblich fand die Feier auf einer Barkasse, also einem kleinen Schiff, statt und war durch den Genuss von reichlich Bier und Schnaps geprägt. Obwohl der Autor danach nicht mehr wirklich nüchtern gewesen sei – oder gerade aus diesem Grund –, habe er es für eine gute Idee gehalten, nun auch noch die Geburtstagsfeier zu besuchen. Er hielt es nicht nur für eine gute Idee, selbst die Feier zu besuchen, er hielt es für eine noch bessere Idee, dabei nicht weniger als 25 seiner nicht minder betrunkenen Vereinskollegen mitzubringen. Eine Idee, die nichts anderes als ein bombensicheres Rezept für ein Desaster darstellte. Das nahm dann auch schnell seinen Lauf: Die betrunkenen Fußballer hätten auf der Feier die Stereoanlage übernommen und Punkmusik gespielt, andere hätten auf der provisorischen Tanzfläche einen Moshpit eröffnet, und wer gerade keinen anderen Blödsinn anstellen konnte, plünderte das Büffet. Höhepunkt des Grauens war dann noch das gemeinsame und vor allem laute Singen der selbst gedichteten Vereinshymne. Annalena habe ihm schnell zu verstehen gegeben, er solle mit seiner Mannschaft doch besser wieder gehen – und zwar sofort! Das hätten sich die Fußballer nicht zweimal sagen lassen, hätten aber auf dem Weg aus der Wohnung noch schnell den Kühlschrank leergeräumt. Nach dem Motto: Wenn man schon rausgeschmissen werde, dann nehme man wenigstens noch das Bier mit. Am Tag darauf, so der Autor, sei er mit einem starken Kater und einem noch größeren schlechten Gewissen aufgewacht, woraufhin er zu Baerbocks Wohnung gefahren sei, um sich zu entschuldigen. Die habe ihm einerseits sehr deutlich zu verstehen gegeben, wie idiotisch sie die abendliche Aktion gefunden habe, sie habe jedoch nichtsdestotrotz die Entschuldigung angenommen. Das habe ihm verdeutlicht, dass Annalena Baerbock nicht nachtragend sei, und dass man sich schon sehr viel erlauben habe müssen, um es sich mit ihr wirklich zu verscherzen. Was im Hinblick auf eine mögliche Kanzlerschaft bedeuten könne, dass sie auch mit unliebsamen Politikern eine Gesprächsebene finden könnte.

Alles in allem sei die junge Annalena schon damals eben selbstbewusst, klug und ehrgeizig gewesen, und sie habe nicht davor zurückgeschreckt, ihre Position und Meinung mit Nachdruck zu vertreten. Gleichzeitig sei sie zwar eine Studentin der Politik gewesen, jedoch keine ausgesprochen politische Studentin. Und wenn schon von Politik die Rede sei, dann habe man sie eher rot als grün eingestuft. Müller-Michaelis unterstreicht diese Einschätzung in seinem Artikel mit dem Hinweis auf eine Kugelschreiber-Zeichnung in einem College-Block. Diese Zeichnung habe ein guter Freund damals angefertigt und mit der Überschrift »Annalenas erster Parteitag« versehen. Zu sehen sei ein Rednerpult, hinter dem nur ein paar Haare hervorschauten. Auf dem Pult selbst wiederum sei zu lesen »SPD – Friede, Freude, Eierkuchen«. Zwar fänden sich auf dem Papier auch Kommentare in Baerbocks Handschrift, er habe jedoch nichts entdeckt, das der Einordnung einer Sozialdemokratin widerspreche. Den Weg hin zur grünen Seite habe die Kommilitonin erst im Rahmen eines Praktikums gefunden, schreibt er weiter.

Doch so eng die Freundschaft unter den Studenten auch gewesen war – nach dem Ende des Studiums trennten sich die Wege. 2012 habe Müller-Michaelis die einstige Kommilitonin noch einmal in ihrer neuen Wohnung in Berlin besucht. Und obwohl Baerbock damals schon tief in der Parteiarbeit steckte, habe er keine Erinnerung, dass bei diesem Treffen über Politik gesprochen worden sei.

Er hoffe, so endet der Autor seinen Bericht, Annalena Baerbock irgendwann fragen zu können, ob sie immer noch das Foto habe, das sie als Studenten im Jahr 2001 auf einem Kliff zeigt. Dieses Bild sei bei einem Wochenendausflug auf der Insel Sylt entstanden, und es erinnere ihn daran, wie frei und optimistisch die jungen Studenten damals gewesen seien. Man sei bereit gewesen, die Welt zu erobern.

# UND DANN DOCH POLITIK

## Entscheidung an der Oder

Annalena Baerbock wollte Kriegsreporterin werden, das wissen wir inzwischen. Ihre Kommilitonen hielten die Politik-Studentin nicht wirklich für eine politische Studentin, auch das wurde bereits gesagt. Am Ende aber wurde es dann doch die Politik.

Der Weg dorthin begann, wie so häufig, mit einem Praktikum, welches allerdings ebenfalls nicht aus dem Grund begonnen wurde, eine politische Karriere zu machen. Annalena Baerbock wollte vielmehr, wie sie selbst es einmal ausdrückte, das »Europaparlament mal von innen sehen«.[29] Ein Parteieintritt sei zu diesem Zeitpunkt jedoch nicht einmal angedacht gewesen – denn immer noch träumte ein Teil ihrer selbst von einer Karriere im Journalismus, die Kriegsreporterin in spe existierte weiter.

Doch wie so oft im Leben kam alles anders, als es sich der Mensch irgendwann einmal vorgestellt hat. Das Praktikum, das den Startpunkt dieses neuen Wegs darstellte, fand im Büro von Elisabeth Schroedter statt. Die 1959 in Dresden geborene Politikerin beschreibt sich selbst als Pädagogin, Umweltberaterin und Mutter von drei Söhnen.[30] Hinter dieser kurzen Zusammenfassung allerdings verbirgt sich eine lange und eindrucksvolle politische Karriere. Wie die Erwähnung des Geburtsortes vermuten lässt, wuchs Schroedter in der ehemaligen Deutschen Demokratischen Republik DDR auf. Dort begann sie nach dem Besuch der Oberschule eine Ausbildung als Medizinisch Technische Assistentin, war Umweltberaterin und Pädagogin. Schon früh war sie außerdem aktiv in der

DDR-Oppositionsbewegung, die sich gegen die damalige Diktatur der Sozialistischen Einheitspartei SED zu wehren versuchte.

1989 schließlich, also im Jahr des Mauerfalls, trat sie dem Neuen Forum bei. Diese Bürgerbewegung sollte die sogenannte Wende und die Zeit der Wiedervereinigung entscheidend mitprägen, ging später im Bündnis 90 und schließlich in der Partei Bündnis 90/Die Grünen auf. Zu Beginn des Jahres 1990 schließlich wurde Schroedter Mitglied der »Grünen Partei in der DDR«, die formell am 9. Februar 1990 gegründet wurde, aber schon im Dezember jenen Jahres mit den westdeutschen Grünen fusionierte.

Überhaupt ist Schroedters Laufbahn sehr eng mit dem Begriff »Grün« verbunden. 1991 zählte sie zu den Gründerinnen des Vereins für grün-bürgerbewegte Kommunalpolitik in Brandenburg,[31] ist seit 1990 außerdem Mitglied eines Netzwerkes ostdeutscher Umweltinitiativen, der Grünen Liga. Diese Erfahrungen führten schließlich dazu, dass man sie 1992 in den Umweltbeirat des ersten Umweltministeriums in Brandenburg berief. Mit der für den neuen deutschen Osten ersten Europawahl im Jahr 1994 für die Fraktion Die Grünen/Europäische freie Allianz – kurz Die Grünen/EfA – zog sie dann in das Europäische Parlament ein. Schwerpunkt ihrer Arbeit dort bildeten bald die Beziehungen zu Moldawien, Belarus und der Ukraine: Von 1994 bis 1999 war sie Präsidentin der entsprechenden Delegation, von 1999 bis 2004 dann deren Vizepräsidentin. Vor diesem Hintergrund gestaltete sie zudem im Außenpolitischen Ausschuss den Erweiterungsprozess der EU mit und war Berichterstatterin für den Beitrittsprozess Lettlands.[32]

Annalena Baerbock machte also ein Praktikum bei einer sehr erfahrenen Politikerin mit einem zudem sehr breiten Tätigkeitsspektrum. Und wollte sie eigentlich nur das Parlament an sich und die Politik von innen kennenlernen, bescherte dieses Praktikum ihr schließlich einen unerwartet emotionalen Moment.

Im Jahr 2004 fand das statt, was als »EU Osterweiterung« in die Geschichtsbücher eingehen sollte. Zum 1. Mai des Jahres wurden zehn weitere mittel- und osteuropäische Länder als Vollmitglieder in die EU aufgenommen – darunter Litauen und Lettland, mit denen sich eben Elisabeth Schroedter so intensiv beschäftigt hatte.[33] Außerdem kam es im Rahmen der Osterweiterung dann zu einem Termin auf der Oderbrücke zwischen Frankfurt/Oder und dem heute polnischen Slubice, das bis zum Kriegsende einen Stadtteil Frankfurts bildete. Die Stadtbrücke wiederum bildete nach der Wiedervereinigung einen der wichtigsten Grenzübergänge zwischen Deutschland und Polen.

Doch die Brücke selbst erzählt noch eine ganz andere Geschichte. In den letzten Kriegstagen sprengten Deutsche Soldaten im April 1945 das Bauwerk, das nach Kriegsende dann durch eine Behelfsbrücke aus Holz ersetzt wurde. Diese Behelfskonstruktion allerdings war zum Ende des 20. Jahrhunderts derart marode, dass sie durch einen Neubau ersetzt werden musste, welcher im Jahr 2000 begonnen wurde und 2002 abgeschlossen war.

Und ein Termin auf diesem Neubau sollte schließlich entscheidend dazu beitragen, dass Annalena Baerbock Politikerin wurde. Denn wie sie einmal erzählte, war ihr Großvater an diesem einstigen Kriegsschauplatz als Soldat im Einsatz – genau das habe sie emotional tief bewegt und überzeugt, in die Partei einzutreten.[34]

Da die Oderbrücke einen so entscheidenden Einfluss auf den weiteren Lebensweg der damals kaum mehr als 20-jährigen Frau hatte, ist ein Rückblick auf das wichtig, was damals an diesem Ort wirklich im vom Krieg zerstörten Deutschland geschehen ist. Schließlich hatte sich Annalena Baerbock ja selbst schon sehr früh mit den Krisen der Welt beschäftigt, wollte als Kriegsreporterin von den Krisenschauplätzen der Welt berichten.

Im Jahr 1945 also war der gesamte Deutsche Osten ein solcher Schauplatz. Denn am 12. Januar des Jahres begann die sogenannte Weichsel-Oder-Operation. Der Begriff steht für eine Offensive der Roten Armee auf einer 1200 Kilometer Frontlinie zwischen der Ostsee im Norden und dem Hochgebirge der Karpaten im Süden.[35]

Zu Beginn der Offensive standen auf deutscher Seite 75 der insgesamt noch 287 Divisionen – allerdings wie es heißt deutlich schwächere als an der westlichen Front. Die russische Seite hatte 180 Divisionen versammelt, von denen es hieß, sie seien den Deutschen in Bezug auf die Zahl der Soldaten und Panzer um das Sechsfache überlegen. Hitler wurde darüber informiert, eine Verstärkung der Ostfront fand jedoch nicht statt, gleichzeitig verbot der selbst ernannte Führer seinen Soldaten etwaige Rückzüge.

Vielen Soldaten dürfte schon früh klar geworden sein, dass sie einen aussichtslosen Kampf kämpfen werden, aus dem es für sie kein Entrinnen geben würde.

Schon am 27. Januar – also nur rund zwei Wochen nach Beginn der Operation – befreiten sowjetische Soldaten die Überlebenden der Konzentrationslager Auschwitz und Birkenau. Vom 19. bis 24. Januar überschritten sowjetische Truppen zudem auf breiter Front die ostpreußische Grenze. Um sich der damaligen Situation auf beiden Seiten wirklich bewusst zu werden, muss auch gesagt werden, dass all das im tiefsten Winter stattfand. So tobten etwa vom 26. bis 29. Januar heftige Schneestürme, gekämpft wurde bei Temperaturen von bis zu minus zehn Grad.

Am 2. Februar schließlich erreichten sowjetische Truppen die Oder, die jedoch wegen der Witterung nicht einmal mehr ein natürliches Hindernis darstellte – der Fluss war zugefroren, konnte also zu Fuß von Soldaten überquert werden. Selbst der Umstand, dass einige Panzer im Eis einbrachen, konnte den Vormarsch nicht aufhalten. Auf deutscher Seite wiederum hatte die Gegenwehr deutlich nachgelassen. Gerade bei Frankfurt/Oder hatten die Sowjets den Eindruck, dass es überhaupt keine Verteidigung mehr gebe – obwohl man dort auch immer näher an die Hauptstadt Berlin heranrückte.

Im März schwang sich die deutsche Seite dann noch einmal auf, versuchte, die errichteten sowjetischen Brückenköpfe an der Oder zu vernichten, was jedoch misslang. Bis zum April hatte die sowjetische Seite den sogenannten

Oder-Brückenkopf auf einer Breite von 44 Kilometern gesichert.

Am 16. April schließlich begann das, was das Ende des Dritten Reiches schließlich besiegeln sollte: Die Schlacht um die Seelower Höhen – der Ort Selow liegt nur rund 30 Kilometer von Frankfurt/Oder entfernt. Diese Schlacht gilt heute als die größte, die während des Zweiten Weltkriegs auf deutschem Boden stattgefunden hat. Es standen sich Hunderttausende Soldaten, nicht weniger als 14 000 Geschütze sowie rund 5000 Panzer und ebensoviele Flugzeuge gegenüber.[36] Und das sind nur die konservativen Schätzungen, andere Quellen berichten von mehr als 40 000 Geschützen. Was die anrichteten, wurde schließlich von Beobachtern so zusammengefasst, dass es sich weniger um ein Schlachtfeld als ein Schlachthaus gehandelt habe.[37] Der Himmel sei glutrot gewesen, der Boden habe durch die zahllosen Einschläge so gewackelt und gewankt, wie ein Schiff bei Windstärke zehn. Und das ging nicht nur einen, sondern mehrere Tage so.

Am 18. April schließlich gelang der sowjetischen Seite unter hohen Verlusten der Durchbruch. Am 19. April waren die deutschen Verteidiger in zwei Teile gespalten, Reste der sogenannten 25. Panzergrenadierdivision waren zum Rückzug gezwungen – der Vormarsch der Sowjets in Richtung Westen war damit freigegeben.

Am 19. April hatte die Deutsche Front quasi aufgehört zu existieren, und auch der Umstand, dass auf deutscher Seite überlebende Soldaten die Oderbrücke von Frankfurt sprengten, konnten die Niederlage des Dritten Reichs nicht mehr verhindern. Zwischen den Sowjets und Berlin lagen nun kaum mehr als ein paar versprengte deutsche Einheiten, die sich vergeblich dem Unausweichlichen entgegenstellten. Am 25. April war Berlin eingeschlossen, eine Woche später erschoss sich Hitler – zwei weitere Wochen später war der Zweite Weltkrieg zumindest in Europa beendet.

Während der gesamten Weichsel-Oder-Operation sollen rund 100 000 Soldaten gefallen sein, allein während der Schlacht um die Selower Höhen starben auf deutscher Seite 12 000 und auf sowjetischer Seite 33 000 Soldaten. Heute erinnert an den Seelower Höhen eine Gedenkstätte an das Grauen vor mittlerweile mehr als 75 Jahren.

Annalena Baerbocks Großvater hat diesen Krieg im Grunde von Anfang bis zu Ende erlebt. Denn schon im Jahr September 1939 sei der dabei gewesen, als Deutschland mit dem Überfall auf Polen das Desaster einläutete, das wir heute schlicht Zweiten Weltkrieg nennen. Damals habe der Großvater wie unzählige andere entgegen geltenden Völkerrechts die Grenze zwischen Deutschland und Polen überschritten – jene Grenze, deren Überschreiten deutsche Soldaten wiederum verhindern wollten, indem sie im April 1945 die Brücke bei Frankfurt/Oder sprengten. Jene Brücke wiederum, auf der Annalena Baerbock nun während eines Termins im Rahmen der EU-Osterweiterung stand. Später sollte sie nicht nur einmal sagen, dass sie an ein Europa als Friedensmacht glaube.[38]

Alles in allem handelte es sich also um eine Gemengelage unterschiedlicher Emotionen, die Annalena Baerbock schließlich zum Parteieintritt bewegte. Da war die Erinnerung an den Großvater, an die Zeit, als Deutschland Europa quasi zerstörte, daran, dass das Heimatland Millionen Menschenleben auf dem Gewissen hat. Auf der anderen Seite jedoch stand die Arbeit für eine Friedens- und Europapolitikerin und dazu noch das Miterleben jenes historischen Momentes, in dem Europa weiter zusammenwuchs. Und dann war da auch noch die junge Frau, die sich ja zeitlebens mit den Krisen der Welt beschäftigt hatte, darüber als Kriegsreporterin berichten wollte.

Das alles führte schließlich dazu, dass die Studentin der Politik im Jahr 2005 der Partei Bündnis 90/Die Grünen beitrat. Bei Elisabeth Schroedter machte sie gleichzeitig Karriere, da sie ebenfalls 2005 deren Büroleiterin wurde, erst in Potsdam, dann schließlich in Brüssel.[39] Diese Position behielt sie bis zum Jahr 2008. Dass gerade diese Phase ihrer Laufbahn später zu einer Kontroverse um etwaige Fehler in ihrem Lebenslauf führen sollte, das sei hier nur kurz erwähnt – in einem späteren Kapitel wird dies noch intensiv und umfassend behandelt werden. Erst einmal aber bleibt es an dieser Stelle bei den von Annalena Baerbock genannten Zeiträumen.

Gleichzeitig aber hatte sie in dieser Phase noch immer nicht mit der Universität abgeschlossen. Vielmehr soll sie auch als Büroleiterin noch darauf bestanden haben, ihr Studium abzuschließen – um eine Alternative zu der Laufbahn in der Politik zu besitzen.[40]

# AUFSTIEG UND NIEDERGANG – DER PARTEIEINTRITT

Frau Baerbock bekennt Farbe

Der Parteieintritt Annalena Baerbocks im Jahr 2005 hatte, wie sie selbst betonte, auch mit der Geschichte des Großvaters zu tun. Doch das war nicht der alleinige Grund. Vielmehr hatte sich innerhalb der Partei seit der Gründung im Jahr 1980 einiges getan: Die Grünen erlebten einerseits einen zunächst ungeahnten Aufstieg, der jedoch im Jahr 2005 schließlich in einem ebenso ungeahnten Debakel mündete – ein Debakel, das allerdings gar nicht einmal die Grünen allein zu verschulden hatten.

Ohne zu sehr in die damaligen Details einzutauchen, sah es erst einmal so aus, dass sich nach der Wiedervereinigung und einigem folgendem Durcheinander das Bündnis 90 mit seinen überwiegend ostdeutschen Wurzeln und die westdeutschen Grünen im Jahr 1993 fusionierten und nun gemeinsam als Bündnis 90/Die Grünen an den Start gingen. In diese Fusion wurde einerseits viel Hoffnung gesteckt, gerade ehemalige DDR-Bürgerrechtler befürchteten jedoch, dass speziell die ostdeutschen Landesverbände womöglich künftig kaum mehr ein Rolle spielen würden.[41]

Die Bundestagswahl im Jahr 1994 ließ Gedanken an etwaige Kritik jedoch erst einmal vergessen, denn gemeinsam kamen Bündnis 90 und Die Grünen auf immerhin 7,3 Prozent der Stimmen und damit 49 Mandate.[42] Mit der Fraktionsvorsitzenden Antje Vollmer stellte die Partei nun auch erstmals die Vizepräsidentin des Deutschen Bundestages. Neben Vollmer fungierten als Fraktionsvorsitzende damals Kerstin Müller und Joschka Fischer. Und gerade Fischer sollte bei dem folgenden

Wechsel aus Aufstieg und Niedergang eine entscheidende Rolle spielen.

Der 1948 geborene Fischer ist ein grünes Urgestein und hatte sich schon 1967 in der Studentenbewegung und der Außerparlamentarischen Opposition (APO) bemerkbar gemacht. Nach seinem Parteieintritt im Jahr 1982 prägte er außerdem lange Zeit das Bild, das breite Teile der Bevölkerung von einem typischen Grünenpolitiker haben sollten. Denn als Fischer am 12. Dezember 1985 in Hessen als erster grüner Umweltminister vereidigt wurde, trat er zu dem Anlass in Turnschuhen an.[43] So etwas würde heute kaum mehr auffallen und würde auch kaum Reaktionen zur Folge habe. Vor mittlerweile mehr als 35 Jahren stellte genau das jedoch einen Tabubruch dar, der gerade auf konservativer Seite ablehnendes Kopfschütteln folgen ließ. Schon im Jahr 1990 jedoch erkannte man den historischen Stellenwert der Aktion – Fischers Turnschuhe erhielten einen Platz im Deutschen Schuhmuseum in Offenbach.

Für den Weg der Grünen ab den 90er-Jahren ist jedoch entscheidend, dass sich Fischer nun von dem legeren Äußeren verabschieden sollte – Fischer wurde vielmehr zu einem Politiker von Weltrang.

Im Jahr 1998 war die Zeit der Turnschuhe endgültig vorbei. Denn erstmals sollten die Grünen nun Deutschland mitregieren. Diese Wahl sollte ohnehin zu einem historischen Ereignis werden. Denn seit 1982 hatte die CDU/CSU mit dem Bundeskanzler Helmut Kohl regiert – diese 16 Jahre stellen bis heute die längst Amtszeit eines

Kanzlers dar. Doch die Euphorie der Wiedervereinigung hatte sich längst gelegt, und die Deutschen stimmten mehrheitlich dem Satz zu, mit dem SPD-Kandidat Gerhard Schröder in den Wahlkampf zog: »Deutschland braucht einen neuen Kanzler.« Das brachte der Partei nun 40,9 Prozent der Stimmen ein, Bündnis 90/Die Grünen konnten 6,7 Prozent der Wähler hinter sich vereinen. Gemeinsam verfügten beide somit über eine absolute Mehrheit, und sie bildeten dann auch die erste Rot-Grüne Bundesregierung der deutschen Geschichte.

Gerhard Schröder wurde am 27. Oktober 1998 zum Kanzler gewählt.[44] Die Grünen sollten und wollten nun erstmals auch auf Bundesebene Verantwortung übernehmen – mit den ersten grünen Bundesministern. Gleich drei Ministerposten konnten sich die Grünen in den Koalitionsverhandlungen sichern. Andrea Fischer wurde Gesundheitsministerin, Jürgen Trittin Umweltminister. Vor allem aber übernahm Joschka Fischer das Amt des Außenministers, fungierte außerdem als Vizekanzler. Zusätzlich wurden nicht zuletzt durch die Grünen im Rahmen des Koalitionsvertrages auch eine Reihe von Reformprojekten angeschoben – etwa eine Steuerreform, das Bündnis für Arbeit und Ausbildung zur Bekämpfung der Arbeitslosigkeit und auch der schrittweise Ausstieg aus der Atomenergie.

Doch in der Folge sollte nicht alles so laufen, wie gewünscht. So erreichte 2001 der »Rinderwahn« Deutschland, und diese BSE-Krise kostete schließlich Gesundheitsministerin Fischer das Amt. Sie und den ebenfalls gestrauchelten Landwirtschaftsminister Funke ersetzte schließlich die Grüne Renate Künast.

Die ganz große Kritik ernteten Die Grünen jedoch dadurch, dass sich Deutschland in dieser Legislaturperiode am Kosovo-Krieg beteiligte, und nach dem 11. September 2001 nach Meinung vieler auch im Hinblick auf den Krieg in Afghanistan zu viele Kompromisse einging. Das quittierten die Wähler bei folgenden Wahlen damit, dass sie vielfach ihr Kreuzchen an andere Stelle machten, und den Grünen so ein ganze Serie an Wahlniederlagen einbrachten.

Das änderte sich erst, als sich die Deutsche Regierung gegen eine Beteiligung am Irakkrieg aussprach. Und es änderte sich vor allem dadurch, dass Außenminister Fischer im Februar 2002 besonders den amerikanischen Kriegskurs kritisierte, woraufhin er Unterstützung von Kanzler Schröder bekam, der betonte, eine deutsche Beteiligung an dem Krieg käme nur unter einem UN-Mandat infrage.[45] All das beendete den Niedergang der Koalition in den Stimmungsumfragen, und die Bundestagswahl 2002 ermöglichte eine Fortsetzung der Rot-Grünen Koalition.[46]

Diese Koalition nun musste in der Folge reichlich Kritik einstecken, etwa bezogen auf die von den Grünen mitgetragene Agenda 2010 und die Hartz-Reformen. Und weil »nach der Wahl« immer auch »vor der Wahl« bedeutet, folgte im Jahr 2005 die nächste Bundestagswahl. Von dieser Wahl sind bis heute vor allem die Momente der sogenannten Elefantenrunde im Deutschen Fernsehen in Erinnerung geblieben, in der Kanzler Schröder steif und fest behauptete, er werde im Amt bleiben, eine Große Koalition werde es keinesfalls geben.[47]

Behauptungen, die jedoch mit der Realität so gut wie gar nichts zu tun hatten. Zwar konnten die Grünen das Ergebnis von 2002 fast behaupten, der Koalitionspartner SPD dagegen erlebte ein Fiasko. Die Rot-Grüne Koalition war nach dieser Wahl Vergangenheit. Für den ehemaligen Kanzler Schröder und den nun ebenfalls ehemaligen Außenminister Fischer bedeutete diese Wahl letztlich das Ende ihre politischen Laufbahn. Fischer erklärte damals früh, er werde nicht wieder für das Amt des Fraktionsvorsitzenden zur Verfügung stehen, wenn die Partei nach der Wahl aus der Opposition heraus agieren müsse. Auch für andere führende Ämter wolle er nicht weiter zur Verfügung stehen. Seine Amtszeit als Vizekanzler und Außenminister endete offiziell am 18. Oktober 2005, er übte die Ämter jedoch geschäftsführend bis in den November aus. Im Juni 2006 nahm Fischer ein letztes Mal an einer Fraktionssitzung der Grünen teil, im September des Jahres legte er sein Bundestagsmandat nieder.[48]

Die Grünen hatten somit ihren größten »Star« verloren, sie hatten mit der Wahl 2005 auch nach sieben Jahren die Möglichkeit der politischen Mitgestaltung des Landes in einer Regierung verloren. Sie waren neben FDP und Linken einfach nur noch eine Oppositionspartei und zudem noch die kleinste dieser Oppositionsparteien. Die Macht hatte eine Große Koalition aus SPD und CDU/CSU übernommen, die neue Kanzlerin hieß Angela Merkel, Vizekanzler wurde Franz Müntefering von der SPD, die mit Frank-Walter Steinmeier auch den Außenminister stellte.

Genau in diesem, für die Grünen letztlich vor allem enttäuschenden Jahr, trat Annalena Baerbock der Partei bei. Und natürlich hatte die politische Situation jener Zeit ihren Einfluss auf diesen Entschluss, ebenso wie die Erinnerung an den Großvater, an den Krieg und das Erleben der EU-Osterweiterung auf der Stadtbrücke von Frankfurt an der Oder in gewissem Maße an der Entscheidung beteiligt waren, nicht mehr den Wunsch nach einem Leben als Kriegsreporterin zu verfolgen. Auch die Arbeit für die Europaabgeordnete Elisabeth Schroedter hat sicherlich ihren Teil beigetragen, dass aus Annalena Baarbock eine Grünenpolitikerin geworden ist. Aber das war noch nicht alles, es gab da noch etwas – beziehungsweise gab es da noch jemanden, der Einfluss auf ihren weiteren Weg hatte.

# DER GRÜNE MANN

... an ihrer Seite

Als die Kanzelkandidatur der Annalena Baerbock offiziell war, hätte man meinen können, die Menschen würden nun wissen wollen, wofür die Frau eigentlich stehe, wie genau ihre Pläne für die Zeit einer Kanzlerschaft aussehen würden – welche Politik sie also machen wolle.

Doch spätestens der 16. Mai 2021 zeigte, dass die Öffentlichkeit in Form der Medien an etwas völlig anderem interessiert war. An jenem Tag verbreitete die Deutsche Presse-Agentur dpa eine Meldung, die von nahezu allen großen klassischen Medien übernommen wurde, und die vor allem mit einer meist identischen Überschrift veröffentlicht wurde. Diese Überschrift lautete: »Baerbock: Ehemann kümmert sich bei Wahlsieg um die Kinder«. Die Leser erfuhren unter dieser Überschrift, dass der Ehemann im Falle eines Wahlsiegs seiner Frau komplett die Betreuung der beiden Kinder übernehmen wolle. Daneben bestanden die Informationen vor allem daraus, dass Annalena Baerbock mit einem gewissen Daniel Holefleisch verheiratet war, und dass sie zwei Kinder im Alter von fünf und neun Jahren habe.[49]

Dazu ist auf der einen Seite zu sagen, dass einem männlichen Kanzlerkandidaten solch familiäre Fragen vermutlich kaum gestellt würden, weil sie in der Regel auch niemanden interessieren. Oder interessiert sich jemand wirklich dafür, dass SPD-Kandidat Olaf Scholz mit der SPD-Politikerin Britta Ernst verheiratet ist, und dass das Paar kinderlos in Potsdam lebt?[50]

Beim Thema Annalena Baerbock aber rückten nun gerade die familiären Fragen in den Mittelpunkt, und dazu zählt nicht zuletzt auch die Frage, wer denn dieser Daniel Holefleisch eigentlich ist. Eine Antwort darauf lautet, dass Holefleisch ein durch und durch grüner Mann ist, der zudem aus einer durch und durch grünen Familie stammt. Sein Vater Ulrich Holefleisch etwa ist einer der drei Bürgermeister der Stadt Göttingen und natürlich ebenfalls Grünen-Mitglied. Bereits seit 1989 zählt er zum Rat der Stadt, bevor er nach der Jahrtausendwende dann in das Bürgermeisteramt aufrückte. Vor dieser Zeit habe er zunächst Maschinenbau, später dann Theologie studiert, sei schließlich in der Medienpädagogik tätig gewesen. Im Jahr 2017 dann wurde der Bürgermeister von dem Sender StadtRadio Göttingen interviewt und hatte unter anderem die Frage zu beantworten, mit welchem Grünen er denn auf eine einsame Insel, fahren würde. Seine Antwort lautete: »Mit meiner Schwiegertochter. Meine Schwiegertochter Annalena Baerbock ist gerade in der Verhandlungsgruppe Bundestag.« Welche Verhandlungsgruppe damit gemeint war, das blieb in diesem Gespräch im Dunkeln. Auch der Name Annalena Baerbock interessierte die Interviewerin herzlich wenig, die mit der nächsten Frage dann bereits zu einem anderen Thema wechselte.[51]

Der grüne Vater hat mit Daniel Holefleisch jedoch nicht nur ein grünes Kind, dessen älterer Bruder hat ebenfalls sozusagen grünes Blut in den Adern. Felix Holefleisch fungierte von 2004 bis 2016 als Fraktionsgeschäftsführer der Grünen in Bremen, wechselte dann als Reisereferent in das Hessische Ministerium für Wirtschaft, Energie, Verkehr und Landesentwicklung.[52]

Doch vor allem auch bei jungen Wählern war Daniel Holefleisch bald schon das wohl bekannteste Familienmitglied, und nicht zuletzt war er über eine lange Zeit auch prominenter als seine Ehefrau – eben gerade bei den jungen Wählern, die im Internet aktiv sind. So fungierte er von 2001 bis 2002 als Geschäftsführer der sogenannten Politikfabrik.[53] Bei dieser Fabrik handelt es sich grundsätzlich um eine Agentur für politische Kommunikation. Bundesweit bekannt wurde das aus dem Otto-Suhr-Institut der Berliner Universität hervorgegangene Start-up im Jahr 2002 durch den »Wahl-O-Mat« und die Kampagne »Die WAHLGANG«. Hinter all dem verbarg sich eine von 80 Politologie-Studenten entwickelte Kampagne mit dem Ziel, junge Berliner Nichtwähler zur Stimmabgabe bei der Bundestagswahl 2002 zu bewegen. Denn gerade bei den 18- bis 24-Jährigen war die Wahlbeteiligung damals bemerkenswert niedrig – nur jeder zweite Jungwähler in der Hauptstadt gab überhaupt eine Stimme ab. Vor diesem Hintergrund wurde seinerzeit »Politikfabrik-Arbeiter« Daniel Holefleisch vom Deutschlandfunk interviewt. Man habe vor, so sagte er in dem Gespräch, die Motivation der jungen Wähler zur Stimmabgabe zu erhöhen. Zu diesem Zweck wolle man Spaß-und Mitmach-Aktionen und auch Wettbewerbe anbieten, die besagte Motivation der jungen Wähler steigerten.[54]

Holefleisch betonte außerdem, dass es sich um ein parteiunabhängiges Projekt handle – das Ziel sei die Stimmabgabe der Jungwähler an sich, es gehe nicht darum, sie in die Richtung bestimmter Parteien zu manövrieren.

Man wolle zeigen, dass Wählen ein wichtiges Gut und ein großer Wert sei. Zu diesem Zweck aber wolle und müsse man andere Wege als die großen und etablierten Parteien gehen. Allerdings koste so etwas auch Geld. Und da man im Grunde nur ein Universitätskurs sei, sei man auch auf der Suche nach Sponsoren, die derartige Projekte finanzieren würden.

Eines der ersten real gewordenen Projekte stellte schließlich der Wahl-O-Mat dar, der seit dem Jahr 2002 von der Bundeszentrale für politische Bildung bpb betrieben wird. Dabei handelt es sich um eine internetbasierte Anwendung, die im Vorfeld anstehender Wahlen Entscheidungshilfen bieten soll. Dafür können Nutzer am Beispiel ausgewählter Thesen etwa die eigene Meinung mit den Standpunkten einzelner Parteien abgleichen. Der Thesenkatalog wiederum wird vor den jeweiligen Wahlen von einem Team aus Jungwählern zusammengestellt. Laut der bpb wurde das Tool inzwischen 85 Millionen Mal genutzt. Ein ziemlich großer Erfolg für etwas, das von einem kleinen Team aus Studenten quasi nebenbei entwickelt wurde.

Daniel Holefleisch allerdings ruhte sich nicht auf diesem Anfangserfolg aus, er wechselte im Jahr 2004 in die Partei Bündnis 90/Die Grünen – als Referent für Sponsoring und Unternehmensspenden. Dort nun setzte er den schon eingeschlagenen Weg fort, vor allem die jungen Wähler und damit gerade auch die Internetnutzer zu motivieren. Was seinen Bekanntheitsgrad bei der angepeilten Klientel bald deutlich steigerte – woran allerdings nicht zuletzt auch sein Äußeres einen gewissen Anteil hatte. Was das genau bedeutete, das machte etwa ein Artikel deutlich, der im Jahr 2011 erschien, und der sich intensiver mit Holefleisch beschäftigte – Titel: »Der ›Kloppo‹ der Grünen«.[55] Der Titel bezog sich auf Holefleischs damals noch durchaus bemerkenswerte Ähnlichkeit mit dem Fußballtrainer Jürgen Klopp, die ihn mit seiner Frisur und Brille tatsächlich wie einen Doppelgänger wirken ließ. Das Thema der Ähnlichkeit machte vor allem online die Runde, nicht zuletzt aus dem Grund, dass sich Holefleisch eben auch sehr intensiv im Internet engagierte – immer noch und immer weiter mit dem Ziel, gerade junge Wähler zu motivieren.

Zu diesem Zweck hatte Holefleisch die Marketingaktion »3 Tage wach« initiiert, in deren Rahmen drei Tage vor anstehenden Wahlen ein täglich 24 Stunden geöffnetes Wahlkampfbüro eingerichtet wurde.[56] Die Nutzer im Netz konnten den Mitarbeitern der Grünen via Live-Video bei der Arbeit zuschauen und ihnen über ein spezielles Formular auch direkt Fragen stellen. Wie es damals in dem Artikel auf »rp-online« hieß, probierte Holefleisch diese Art der Wählerbindung erstmals bei der Europawahl im Jahr 2009 aus. Der Erfolg stellte sich schnell ein: Schon bei der Bundestagswahl in jenem Jahr sollen 250 000 Menschen das Angebot genutzt haben.

Weil das Internet aber eben das Internet ist, ging es bei der Kommunikation nicht allein um wirklich politische Themen, die Politiker hätten für die Internet-Nutzer auch schon mal singen oder Luftgitarre spielen müssen, um sie bei der Stange zu halten. Und natürlich wurde auch gefragt, ob Holefleisch tatsächlich mit Jürgen Klopp verwandt ist – was übrigens nicht der Fall ist. Der nahm allerdings auch solche Fragen sportlich und humorvoll, richtete damals sogar eigens eine Facebook-Seite für sein Alter Ego Kloppo ein.

Dass Holefleisch »3 Tage wach« jedoch am Leben erhielt, das hing vor allem damit zusammen, dass es immer wieder auch wirklich ernste oder interessierte Fragen gab, die er und andere Parteimitglieder beantworteten. Was den Internet-Nutzern wiederum das Gefühl gab, sie und ihre Anliegen würden ernst genommen, die Grünen hätten außerdem die Kompetenz, die Fragen auch umfassend zu beantworten. Dabei ging es mal um Abrüstungspolitik, mal auch um die Legalisierung von Cannabis. Gerade bei Landtagswahlen seien jedoch immer wieder auch sehr spezifische Fragen gestellt worden, deren Beantwortung einige Recherche verlangte. In dem Artikel etwa wird erzählt, vor einer Bürgerschaftswahl in Bremen habe ein Nutzer mitten in der Nacht wissen wollen, wie denn die Regelungen zur Pony-Zucht in der Stadt im Detail aussehen würden. Holefleisch habe daraufhin den zuständigen Referenten nachts aus dem Bett klingeln müssen, um die gewünschten Informationen zusammenzutragen.

Doch Die Grünen und Holefleisch setzen bei »3 Tage wach« nicht allein auf die Beantwortung von Fragen, um die Wählerbindung zu verstärken. Im Jahr 2013 etwa starteten sie etwa über die Video-Plattform YouTube zudem noch eine Aktion, mit der Netz-Nutzer auch zu Spenden für die Aktion aufgerufen wurde. Allerdings wollte man von ihnen kein Geld, man bat vielmehr um Unterstützung durch Verpflegung für die drei Tage – von belegten Broten bis hin zu Obst. »Und einen Klo-Wagen brauchen wir auch noch«, sagte Holefleisch in dem nicht einmal zwei Minuten langen Filmchen.[57]

Das Interesse an dieser Aktion hielt sich jedoch in engen Grenzen: Vom September 2013 bis Mitte 2021 wurde das Video nicht einmal 2300-mal aufgerufen. Bemerkenswert war in dem Film jedoch eine Zahl, die Auskunft gab, welches Ausmaß beziehungsweise welchen Umfang das 3-Tage-Projekt vor der Wahl inzwischen angenommen hatte. Denn wie es hieß, standen nunmehr bis zu 500 Redakteurinnen und Redakteure bereit, um online die Fragen der Wähler zu beantworten.

Doch so grün Holefleischs Karriere auch über lange Jahre verlaufen ist, es kam schließlich der Punkt, an dem er sich neu orientierte und an dem er dann auch quasi die Seiten wechselte. Offiziell wurde dieser Wechsel im Januar 2017 durch eine kurze Pressemitteilung.[58] Darin hieß es, der zu dieser Zeit 44 Jahre alte Holefleisch fungiere ab dem 15. Februar als Senior Manager Public Affairs bei der Deutsche Post DHL Group. Er werde in dieser Funktion von der Berliner Niederlassung des Unternehmens aus die Felder E-Commerce, Datenschutz, Finanzen und Human Ressources betreuen.

Wer sich nun fragt, was sich eigentlich hinter dem Begriff Public Affairs (PA) verbirgt, erhält als Antwort, dass es auch hier wieder um Politik geht. Denn PA ist nichts anderes als Politik-Kontaktarbeit, durch die etwa ein Unternehmen Einfluss auf politische Entscheidungsprozesse nehmen möchte. Zu diesem Zweck sollen Vertreter der einen Seite - Unternehmen - mit denen der anderen Seite - Politik - an einen Tisch gebracht werden, um sich miteinander auszutauschen. Und auch wenn niemand es tatsächlich so ausdrückt, geht es immer auch darum, dass die Unternehmensseite die Politik in gewissem Maße auf ihre Seite zieht.[59]

# VIEL ZU TUN – DIE KARRIERE NIMMT FAHRT AUF

#StudierenWieBaerbock

Daniel Holefleisch und Annalena Baerbock heirateten im Jahr 2007.[60] Vom Kennenlernen der beiden bis zu besagter Hochzeit hatte sich jedoch in Baerbocks Leben bereits einiges getan, und noch viel mehr sollte schnell folgen.

Wie schon beschrieben hatte sie in Hamburg studiert, arbeitete dann für die grüne Europapolitikerin Elisabeth Schroedter, wurde bald zu deren Büroleiterin. 2004 hatte sie außerdem im Rahmen ihres Studiums der Politikwissenschaften an der Universität Hamburg das Vordiplom mit der Note 1,3 erlangt.[61] Sie schloss außerdem ihr Studium an der London School of Economics and Political Science im Jahr 2005 mit einem Master in »Public International Law« L.L.M. ab. Und zwar mit »Distinction«, also mit besonderer Auszeichnung und damit mit der höchsten Notenstufe.[62] Ebenfalls im Jahr 2005 war Annalena Baerbock als Trainee beim British Institute of Comparative und Public International Law (BIICL) in London tätig.[63]

In diesem Zusammenhang ist nun ein kleiner Zeitsprung ratsam. Denn kaum war Baerbocks Kanzlerinnenkandidatur publik, kochten die sozialen Netzwerke regelrecht über. Unter dem Hashtag #StudierenwieBaerbock wurden dabei vor allem die Angaben über ihr Studium und ihre Studienleistungen diskutiert – denen manche nicht recht Glauben schenken wollten, während andere die Angaben verbissen verteidigten. Wie so oft artete das schließlich in den sozialen Medien aus und mündete in gegenseitigen Beschimpfungen. Was denn nun wirklich wahr und was falsch ist, das wollten unter anderem die

Journalisten des ReaktionsNetzwerks Deutschland (RND) wissen und machten sich auf Spurensuche.

Das Ergebnis lautete letztlich: Baerbocks akademischer Werdegang sei zwar in manchen Punkten ungewöhnlich, er sei aber auch erklärbar. Was dann natürlich noch genauer erläutert wurde.[64] So heißt es in Bezug auf Baerbocks Studium in Hamburg zwischen 2000 und 2004, dass zu dieser Zeit in Deutschland das Bachelor/Master-System noch gar nicht überall eingeführt war. Es habe vielmehr zwischen Grund- und Hauptstudium eine Zwischenprüfung oder ein Vordiplom gegeben. Diese Prüfungen hätten im Gegensatz zum heutigen Bachelor nicht als Abschlusszeugnis gegolten. Wechselte eine Studentin nun ins Ausland für einen Masterstudiengang, dann konnten die Zwischenprüfung und das Vordiplom wie ein erster Abschluss behandelt werden. Dass Baerbock allerdings auf den Seiten der den Grünen nahestehenden Heinrich-Böll-Stiftung im Jahr 2011 ein Bachelorabschluss zugeschrieben wurde, wertete das RND als tatsächlichen Fehler – so einen Abschluss hätte sie zu jener Zeit gar nicht erwerben können. Was allerdings auch den Betreibern der Web-Präsenz inzwischen aufgefallen sei, der entsprechende Eintrag sei daher auch gar nicht mehr online. Die Stiftung habe den englischsprachigen Lebenslauf Baerbocks korrigiert und den Irrtum mit einem Übersetzungsfehler erklärt.[65]

Auch die Partei Die Grünen selbst schaltete sich schließlich in die ausufernde Diskussion über Annalena Baerbocks Studienleistungen ein und legte dabei auch Beweise vor, die Kritikern den Wind aus den Segeln nahmen. So veröffentlichte Grünen-Sprecher Andreas Kappler etwa via Twitter Dokumente, in denen die University of London der Studentin einen Abschluss als Master of Law mit besagter Distinction bescheinigte.[66] Über denselben Kanal wurde dann auch noch eine Bescheinigung der Universität Hamburg über den Abschluss einer Diplom-Vorprüfung mit der Note 1,3 veröffentlicht.

Das RND wiederum widmete sich auch den weiter nicht versiegenden Fragen zu der Richtigkeit der Angaben zu Baerbocks Abschluss um den Master of Law L.L.M. Denn für die Aufnahme in einen solchen Masterstudiengang sei üblicherweise ein erster Abschluss erforderlich. Die London School of Economics hätte seinerzeit auch tatsächlich laut RND ein Diplom, ein Staatsexamen oder einen Magister mit guten Noten als Voraussetzung genannt. Aber: Auch ein Vordiplom oder eine Zwischenprüfung hätten die Voraussetzungen erfüllt – wenn mindestens zwei Semester eines Hauptstudiums hätten nachgewiesen werden können. Annalena Baerbock hatte nach dem Vordiplom noch Hauptseminarscheine in Hamburg gemacht, und sie wurde so dann in London angenommen. Damit war die Diskussion zumindest um dieses Thema weitgehend beendet.

Doch die sozialen Medien wären nicht die sozialen Medien, wenn sie nicht noch ein weiteres Thema gefunden hätten, an dem sie sich festbeißen konnten. Dabei ging es etwa darum, dass manche Medien Baerbock als Juristin bezeichneten – das RND stellte klar, dass solche

Angaben tatsächlich falsch seien. Sie habe Jura im Nebenfach studiert, sei daher nach den geltenden Regeln wirklich keine Volljuristin. Anders sehe es bei der Frage aus, ob die Kanzlerkandidatin eine Völkerrechtlerin sei. Dazu erklärten die Journalisten, mit ihrem Masterabschluss mit Distinction könne sie durchaus als Völkerrechtlerin eingestuft werden.

Aber die Nutzer der sozialen Medien hatten inzwischen noch ein ganz anderes Thema gefunden, über das sie sich ereifern konnten: Geld. Denn ein Studium an der London School of Economics (LSE) gibt es nicht gratis, es kostet Geld. In der Zeit von Annalena Baerbocks Studium habe die LSE laut dem RND umgerechnet 11 000 Euro an Studiengebühren verlangt. Was die Kritiker fragen ließ, wie die junge Studentin das denn habe bezahlen können. Die Antwort darauf gab die Partei Die Grünen in der Form, dass Baerbock seinerzeit getan habe, was sehr viele Studenten hätten tun müssen, um sich ihr Studium zu finanzieren: Arbeiten nämlich. Baerbock habe unter anderem in einer Fabrik gejobbt, um das nötige Geld zusammenzukratzen.

Nachdem auch das geklärt war, wandte sich das Netz nun der in diesem Zusammenhang letzten noch offenen Frage zu: Wenn Annalena Baerbock ihr Studium abgeschlossen hat, warum hat sie dann keine Doktorarbeit geschrieben – beziehungsweise warum habe sie die Arbeit daran nie beendet? In diesem Zusammenhang wurde dann gern auch auf ein frühes Interview mit Baerbock aus dem Jahr 2013 verwiesen.[67] Damals war sie für die Grünen gerade in den Bundestag eingezogen. In dem Interview nun erklärte sie, sie wolle ihre Dissertation zum Thema »Naturkatastrophen und humanitäre Hilfe« auf jeden Fall noch beenden, auch wenn sie mit ihrer Zeit nun vollkommen anders zu wirtschaften habe. Einen Plan, den sie nach einer Weile jedoch als gescheitert akzeptieren musste. Denn sie war nicht nur in der Politik eng eingebunden, sie war außerdem inzwischen auch noch Mutter einer Tochter namens Luna - da musste sich schließlich die Arbeit an der Dissertation hinten anstellen, bis diese Arbeit dann eingestellt wurde, um sich auf die anderen und letztlich auch wichtigeren Arbeiten konzentrieren zu können.

Kehren wir also zurück in das Jahr 2005, in dem Annalena Baerbock als Trainee beim British Institute of Comparative und Public International Law (BIICL) in London tätig war. In jenes Jahr fällt schließlich auch ihr Eintritt in die Partei Die Grünen. Ein Schritt, mit dem sie zuvor lange haderte, wie sie selbst erklärte. Der Grund für dieses Hadern lag vor allem in dem Bild, das sie zu dieser Zeit noch von der Politik und den Politikern hatte.

Zunächst stand das Jahr 2005 vor allem für einen Ortswechsel. Von Hamburg und London ging es nun nach Brandenburg. Da sie nach ihrem Abschluss in London bei der Grünen EU-Politikerin Elisabeth Schroedter deren Büro in Potsdam leiten sollte, brachte das aber auch die Frage eines Parteieintritts mit sich. Genau mit diesem Thema habe sie jedoch nach eigenen Angaben eben lange gehadert. Weil ihr Bild einer Parteimitgliedschaft eben auch bedeutet habe, sie müsse dann hinter jedem »grünen Punkt und Komma« auch wirklich vollkommen stehen.[68] Sehr schnell habe sie dann jedoch im Rahmen eines Praktikums erkannt, bei den Bundesgrünen könne selbst ein ganz normales Parteimitglied mit guten Ideen sehr viel gestalten und könne bei Bedarf dann auch etwas ändern.

In der Folge liefen nun sehr viele Fäden zusammen und stellten bereits einen Ausblick auf das dar, was sich Jahre später ergeben sollte. So spielten schon in ihrer Zeit als Schroedters Büroleiterin Themen wie Klimaschutz, Energiewende und Kohleabbau eine starke Rolle in ihrer beruflichen und politischen Arbeit.

Bald konnte sie dann auch ihre akademische Ausbildung mit ihrem völkerrechtlichen und europapolitischen Wissen in die politische Arbeit einbringen: Schon drei Jahre nach dem Parteieintritt hatte Annalena Baerbock bei den Grünen so viel Anerkennung gewonnen, dass sie nun Referentin für Außen- und Sicherheitspolitik der Bundestagsfraktion der Grünen wurde. Zudem fungierte sie ab 2008 als Sprecherin der Bundesarbeitsgemeinschaft Europa, wirkte also an der Europapolitik ihrer Partei entscheidend mit. Grundsätzlich haben solche Bundesarbeitsgemeinschaften (BAGen) bei den Grünen den Auftrag, Konzepte und Strategien grüner Politik zu entwickeln, die Arbeit daran außerdem zu vernetzen. Sie leisten in diesem Zusammenhang außerdem Netzwerkarbeit bei Verbänden und auch wissenschaftlichen Institutionen. Jede BAG wählt außerdem jeweils zwei Sprecher für einen Zeitraum von zwei Jahren.[69]

In dieser Zeit kam es zu einem der ersten Auftritte Annalena Baerbocks in einer offiziellen Funktion. Im Jahr 2008 beging man den 60. Jahrestag der Menschenrechte: Am 10. Dezember 1948 hatten die Vereinten Nationen die »Allgemeine Erklärung der Menschenrechte« verabschiedet, die ein weltweit geltendes Wertesystem für das Zusammenleben von Menschen und Staaten darstellt.[70] Anlässlich dieses Jahrestages schickten die Grünen nun die Sprecherin der grünen Arbeitsgemeinschaft Europa vor die Kameras, wo sie den Menschenrechtsartikel Nummer 2 kommentierte. Jenen Artikel also, der besagt, »alle Menschen haben das Recht auf die in dieser Erklärung verkündeten Rechte und Freiheiten«.

Wer sich heute die mittlerweile weit über zehn Jahre alte Erklärung anhört und sich auch das immer noch im Internet zu findende Video des kaum zwei Minuten langen Auftritts anschaut, wird sich zunächst einmal wundern. Denn mit den aktuellen Bildern im Kopf lässt sich die Person vor der Kamera nur schwer als Annalena Baerbock identifizieren. Die trug damals zum einen eine Brille, hatte große Ringe in den Ohren, die Haare waren außerdem zu einem Pferdeschwanz gebunden. Hinzu kam, dass sie damals auch mit dem öffentlichen Sprechen noch merklich wenig Übung besaß. Was sie sagt, erreicht die Zuhörer nicht wie selbstverständlich oder überzeugend gesprochene Worte, der Kommentar hört sich vielmehr deutlich auswendig gelernt und abgelesen an.[71]

In dem am 1. August 2008 veröffentlichten Kommentar erklärt sie, der Gleichheitsgrundsatz habe sich 60 Jahre zuvor vor allem auf die Gleichheit der Menschen vor dem Gesetz bezogen. Dies sei inzwischen zu einer Selbstverständlichkeit geworden. Diskriminierung jedoch existiere trotzdem weiter, wenn auch in anderer Form. Sie existiere im Arbeitsleben, bei Versicherungen oder auch bei einem Restaurantbesuch. Die Grünen hätten maßgeblich dazu beigetragen, dass auch in Deutschland seit dem Jahr 2006 die Menschen durch das allgemeine Gleichbehandlungsgesetz gegen Diskriminierung durch Dritte geschützt seien. Das Ziel habe man damit jedoch noch lange nicht erreicht. Man benötige vielmehr eine bessere Unterstützung für Diskriminierungsopfer. Dazu wiederum müsse es eine Anti-Diskriminierungsstelle geben, die diesen Namen auch wirklich verdiene. Dazu brauche man außerdem eine wirkliche Anti-Diskriminierungs-Kultur in Deutschland. Solange jedoch große Volksparteien das Anti-Diskriminierungs-Recht als Schaden für die deutsche Wirtschaft abtäten, sei man davon noch weit entfernt. Die Grünen wollten dafür kämpfen, dass es nicht noch weitere 60 Jahre dauere, bis das Ziel einer diskriminierungsfreien Gesellschaft erreicht werde.

Und das war es dann auch schon mit diesem frühen Auftritt vor einer Kamera. Inhaltlich könnte diese kurze Rede vermutlich auch heute noch wortgleich gehalten werden und inhaltlich zeigte sie auch, wofür eine Annalena Baerbock steht. Doch bis aus der unsicheren Politikerin von damals eine eloquente Kanzlerkandidatin von heute wurde, sollte es noch eine Weile dauern. Das wiederum stand dem Fortgang ihrer Karriere kaum im Weg – denn die erreichte schon im Jahr 2009 einen neuen Höhepunkt. Gleichzeitig gab es 2009 jedoch auch einen politischen Rückschlag für sie.

Bereits ab dem Oktober 2008 gehörte Annalena Baerbock dem Grünen Landesvorstand in Brandenburg an.[72] Am 27. Dezember 2009 dann fand in Brandenburg die fünfte Landtagswahl statt. Zeitgleich mit der Bundestagswahl. Die Grünen hatten dabei immer noch am Ergebnis der vorherigen Landtagswahl zu knabbern, bei der sie zwar fast zwei Prozent an Stimmen zulegten, aber trotzdem den Einzug in den Landtag verpassten. Auch 2009 stand zumindest bei der Betrachtung der Meinungsumfragen im Vorfeld der Wahl wieder alles auf der Kippe. Ebenso wie die FDP wurden die Grünen in der Nähe der entscheidenden Fünf-Prozent-Hürde gesehen. Am Ende aber konnten beide Parteien aufatmen und zogen wieder in den Landtag ein – im Falle der Grünen mit gerade einmal 5,7 Prozent der Stimmen und fünf Sitzen.[73]

Annalena Baerbock wiederum wurde gemeinsam mit Benjamin Rasche in jenem Jahr zur Landesvorsitzenden gewählt. Eine Doppelspitze also, wie sei bei den Grünen ja üblich ist. Sie selbst erinnert sich an diese Zeit so: Die Grünen seien damals nach 15-jähriger Abstinenz wieder in den Landtag eingezogen. Das neue Landesvorsitzenden-Team habe nun vor der Aufgabe gestanden, einen sehr kleinen und überwiegend ehrenamtlich arbeitenden Landesverband neu aufzustellen, und in diesem Verband nun auch an professionellen Strukturen zu arbeiten.[74] Der große Vorteil, so Baerbock, sei damals der gewesen, dass so etwas nur in einem Team funktionieren konnte. Das habe letztlich dazu geführt, dass es weder organisierte parteipolitische Flügel noch miteinander rivalisierende Gruppen gegeben habe. Sie sei fest davon überzeugt, dass dies schließlich auch dazu führte, dass die Grünen bei der nächsten Landtagswahl noch einmal stärker abgeschnitten haben. Gerade diese vertrauensvolle und persönliche Zusammenarbeit fehle ihr in dem sogenannten Berliner Karussell manchmal doch sehr.

Das Jahr 2009 stand aber auch noch für einen überregionalen Karriereschritt Baerbocks. Denn ihre Partei entsandte sie als Vorstandsmitglied in die Europäische Grüne Partei, einem Zusammenschluss Europäischer Grüner Parteien.

Das Thema 2009 ist damit aber noch immer nicht abgeschlossen: In jenem Jahr fand neben der Landtagswahl in Brandenburg zeitgleich noch eine Bundestagswahl statt. Bei dieser Wahl trat Annalena Baerbock als Direktkandidatin im Wahlkreis Frankfurt/Oder an. Die damals gerade 28-Jährige war von der Landesdelegiertenkonferenz ihrer Partei mit 98 Prozent der Stimmen auf Platz drei der Brandenburger Bundestagsliste gewählt worden.[75] Mit dem Bundestag allerdings wurde es in jenem Jahr dann doch nichts.

# NUN ABER – AB IN DEN BUNDESTAG

Worte zum Klima

Nach der Wahl ist wie schon gesagt immer auch vor der Wahl – und so folgte auf die Bundestagswahl des Jahres 2009 vier Jahre später der nächste Wahltermin.

In Brandenburg nun standen die Grünen wieder vor der Frage, welche Kandidatin oder welchen Kandidaten man denn für die Bundestagswahl aufstellen wolle. Denn die bislang einzige brandenburgische Bundestagsabgeordnete der Partei hatte unlängst ihren Rückzug erklärt. Zwar habe es vor diesem Hintergrund nun gleich mehrere mögliche Kandidatinnen gegeben, die sich teils selbst ins Spiel brachten. Doch Annalena Baerbocks Arbeit während der vergangenen Jahre hatte sie inzwischen so weit gebracht, dass sie auf der imaginären Liste möglicher Kandidaten ganz oben stand.

Sie selbst sagte über jene Zeit einmal, nach vielen Jahren ehrenamtlicher Arbeit innerhalb der Partei habe sie nun den Wunsch gehabt, auch parlamentarisch daran mitzuwirken, die Erde ökologischer zu machen. Sie habe außerdem die brandenburgischen Erfahrungen rund um die Klima- und Energiepolitik in die Bundestagsfraktion einbringen wollen. Daneben habe sie als »leidenschaftliche Europäerin« es für wichtig befunden, dass im politischen Tagesgeschäft der Blick über den nationalen Tellerrand nicht verloren gehe. Denn eine Politik aus dem Blickwinkel des nationalen Kämmerchens funktioniere in einer globalisierten Welt nicht mehr – das gelte für die Energiewende ebenso wie für die Zukunft der Währungsunion oder auch die Handelspolitik. Doch so wichtig ihr all diese Themen gewesen seien, so groß sei auch der Respekt vor der großen Aufgabe gewesen – gerade auch als Mutter eines noch sehr kleinen Kindes. Schließlich aber wurde sie als Direktkandidatin auf den Listenplatz eins gesetzt und startete schließlich auch ihren Wahlkampf.

Am 12. August 2013 meldeten die brandenburgischen Grünen schließlich den offiziellen Wahlkampfauftakt sechs Wochen vor der anstehenden Bundestagswahl. Dieser 12. August war ein Montag und auch die Grünen setzten damals in ihrem Wahlkampf nicht zuletzt auf prominente Namen. An jenem Tag nun sollte der grüne Spitzenkandidat Jürgen Trittin in der »fabrik potsdam« zu Gast sein. Er sollte im Gespräch darüber berichten, wie denn eine echte Energiewende aus grüner Sicht aussehe. Als weiteres Thema geplant war die gerechte Gesellschaft, und dass in einem Land etwas nicht stimme, wenn gute Bildung nicht zuletzt von der sozialen Herkunft abhänge. Moderiert wiederum wurde diese Veranstaltung von Annalena Baerbock, der Spitzenkandidatin der Grünen in Brandenburg und außerdem Direktkandidatin des Wahlkreises 61. Was bedeutete, dass sie in diesem Jahr nicht mehr für Frankfurt/Oder, sondern für Potsdam antrat.[76]

Doch Annalena Baerbock erinnert sich im Hinblick auf den Wahlkampf 2013 auch daran, dass sie nicht immer auf die Unterstützung großer Namen der grünen Politik vertrauen konnte. Und sie erinnert sich daran, dass sie damals selbst zwar schon eine Karriere hingelegt hatte, aber noch weit davon entfernt war, selbst einer dieser großen Namen zu sein. Das wiederum habe bedeutet, dass sie selten auf der großen Bühne habe stehen können, sie habe vielmehr einen Wahlkampf vor allem in Form von Gesprächen im kleinen Kreis geführt. Diese kleinen Kreise seien mal Unternehmen, mal Sportvereine oder Schulen und mal auch Bürgerinitiativen gewesen. Wissenschaftliche Institutionen hätten dazu gehört und auch auf Marktplätzen habe sie um die Stimmen der Menschen gekämpft. Das Gute sei gewesen, dass ihr derartige Gespräche wirklich Spaß gemacht hätten, weil sie so erfahren habe, was die Menschen wirklich bewegte und auf diese Weise dann immer auch selbst etwas gelernt habe.

Was sie lernte war unter anderem, dass ein Thema wie der Spitzensteuersatz die Menschen in ihrem Wahlkreis herzlich wenig interessierte. In der Lausitz seien die Wähler wesentlich mehr daran interessiert, wie es denn mit der Kohle weitergehe.[77]

Noch etwas völlig anderes soll vor dem Hintergrund des Wahlkampfes 2013 nicht unerwähnt bleiben, auch wenn es im Grunde nebensächlich ist. Wie gesagt war Annalena Baerbock bei ihrem ersten überlieferten Auftritt vor einer Kamera kaum als die Frau zu identifizieren, die nun als Kanzlerkandidatin antritt. Bis zum Jahr 2013 allerdings hatte sich das komplett geändert. Inzwischen hatte sie die Brille abgelegt, und auch die Haare trug sie bereits so, wie es die Menschen im Jahr 2021 von ihr gewohnt sind. Auf den Bildern aus dem Jahr 2013 trägt sie außerdem bereits die typische Lederjacke.

Aber weg von den Äußerlichkeiten: War sie 2009 noch bei dem Versuch gescheitert, ein Bundestagsmandat zu erringen, war das nun völlig anders. Bei der Bundestagswahl 2013 erhielt sie 7,2 Prozent der Erststimmen in ihrem Wahlkreis und zog über die Landesliste in den inzwischen 18. Deutschen Bundestag ein.[78]

Am 28. November 2013 dann war der Moment gekommen, in dem Annalena Baerbock ihre erste Rede im Bundestag hielt. Ihr Thema dabei war die Klimakonferenz in Warschau verbunden mit einem Antrag der Grünen unter dem Titel »Klimakonferenz in Warschau – ohne deutsche Vorreiterrolle kein internationaler Klimaschutz«.[79, 80]Dazu muss sicher auch gesagt werden, dass das Thema Klimaschutz im Jahr 2013 noch weit von dem Stellenwert entfernt war, den es heute besitzt. Die Klimakonferenz in Warschau vom 11. bis 23. Dezember stellte vielmehr einen weiteren Schritt der Verhandlungen über einen Welt-Klimavertrag dar.[81]

Annalena Baerbock begann ihre Rede mit den Worten, 5200 Tote und 3,5 Millionen vertriebene Philippinerinnen und Philippiner seien eine Mahnung an die Staaten der Welt, die nicht mächtiger hätte ausfallen können. Damit sprach sie eine Katastrophe an, die ab dem 7. November des Jahres die Inselwelt der Philippinen heimgesucht hatte. Mit dem Taifun Haiyan hatte dort einer der stärksten Wirbelstürme aller Zeit immense Verwüstungen verursacht. Der Taifun hatte eine Sturmflut ausgelöst, die zu Überschwemmungen geführt hatte, während dann gleichzeitig noch Orkan-Winde das Land verwüstet hatten.[82]

Annalena Baerbock nun sprach in ihrer Rede davon, dass die Staaten der Welt trotz aller Solidaritätsbekundungen in Warschau zeigten, welchen geringen

Stellenwert sie dem Klimaschutz mittlerweile einräumten. Die Konferenz sei geprägt von einer Ambitionslosigkeit der Staaten, die ihresgleichen suche. Das Gastgeberland Polen veranstalte zeitgleich mit dem Klima- auch einen Kohlegipfel, und in Richtung des damaligen Bundesumweltministers Peter Altmaier ergänzte sie, der habe lieber abends in der Talkshow Maybrit Illner auf dem Sofa gesessen, als ernsthaft mit China über die Ziele einer $CO_2$-Reduktion zu diskutieren. Altmaier habe in einer Rede gesagt »Wir sind da im Klimaschutz«, sie frage sich jedoch, was er mit »da« meine, wo doch Deutschland gerade in Warschau auf einen beschämenden 19. Platz beim Klimaindex zurückgestuft worden sei. Der Koalitionsvertrag der Regierung gebe vielleicht eine Antwort auf die Frage nach dem »da«. Denn mit »da« sei wohl nicht der Klimaschutz gemeint, man sei vielmehr wieder »da« im Kohlezeitalter in Deutschland.

An die Politiker der SPD-Fraktion im Bundestag gerichtet sagte sie dann weiter, die würden zwar das Klimaschutz-Gesetz in mehreren Landesregierungen gemeinsam mit den Grünen tragen, im Koalitionsvertrag der Bundesregierung finde sich davon jedoch keine Spur mehr. Dort hieß es vielmehr, die Braunkohle – und damit der Klimakiller Nummer eins – spiele nach wie vor eine bedeutende Rolle und konventionelle Kraftwerke seien auf absehbare Zeit unverzichtbar. Mit Blick auf den Fahrplan für ein neues Klimaabkommen in Paris im Jahr 2015 könne man nur hoffen, dass der Koalitionsvertrag bis dahin nicht in die englische Sprache übersetzt werde.

Wie gesagt handelte es sich um Annalena Baerbocks erste Rede im Bundestag. Diese Rede ist nicht zuletzt deswegen erwähnenswert, weil die spätere Kanzlerkandidatin damit schon früh darauf hinweist, welche Rolle der Klimawandel für ihre Politik spielt. Die Rede zeigt außerdem, dass sie sehr klare Worte finden kann, sie zeigt im weiteren Verlauf dann auch noch, dass sie sich auch in Diskussionen beziehungsweise bei ihren Antworten auf Zwischenfragen behaupten kann.

Sie setzte ihre Rede nun damit fort, man möge ihr doch bitte einmal erklären, wie diese Regierungskoalition die Entwicklungsländer dazu bewegen wolle, in den nächsten Monaten ambitionierte Reduktionsziele vorzulegen, wenn Deutschland selbst weiter Klimakiller wie das Kohlekraftwerk Jänschwalde in ihrer Heimat Brandenburg langfristig am Netz halten wolle, das allein mehr $CO_2$ ausstoße, als 26 afrikanische Staaten zusammen. Der Koalitionsvertrag möge zwar richtige Schritte enthalten, für die Energiewende und die internationale Klimapolitik jedoch sei er letztlich ein Desaster. Während eines der wirklich positiven Signale aus Warschau darin bestanden habe, vor Ort erneuerbare Energien weiter auszubauen, sodass weltweit 70 Prozent der Investitionen der Energieindustrie in die Erneuerbaren gingen, deckele man in Deutschland den Ausbau dieser erneuerbaren Energien. Dass der Ökostromanteil bis zum Jahr 2025 auf 45 Prozent und bis 2030 auf 60 Prozent begrenzt sei, halbiere das derzeitige Ausbautempo. Daraufhin nun richtete sie eine Frage direkt an die Regierungsparteien SPD und CDU/CSU: Ob diesen

Parteien eigentlich klar sei, dass ihr Pläne bedeuteten, dass künftig südlich von Hannover kein einziges Windrad mehr gebaut werden könne? Noch einmal brachte sie dann auch den damaligen Umweltminister Altmaier ins Gespräch – wie der denn mit solchen Plänen international ernsthaft für ambitionierte Ziele werben wolle? Denn eine Vorreiterschaft für ein Klimaabkommen dürfe jene Millionen von Menschen nicht weiter vor den Kopf zu stoßen, die etwa die Energiewende mit eigenen Solaranlagen auf den Dächern tagtäglich vorantrieben. Vorreiter zu sein bedeute zudem, die Warnungen jener Entwicklungsländer ernst zu nehmen, die direkt vom Klimawandel betroffen seien und den jüngst veröffentlichten Sachstandsbericht der IPCC – also des Weltklimarates – mit Maßnahmen zu untermauern. Vorreiter zu sein bedeute außerdem, sich auf europäischer Ebene bis zum Frühjahrsgipfel der EU für ernsthafte $CO_2$-Reduktionsziele von mindestens 55 Prozent bis zum Jahr 2030 einzusetzen.

Annalena Baerbock setzte ihre Rede in dem Stil noch weiter fort, dann aber wurde ihr Vortrag unterbrochen, da es nun auch die erste Zwischenfrage in ihrer Zeit als Bundestagsabgeordnete gab. Diese Frage kam aus den Reihen der CDU/CSU und die Rednerin wurde von der Bundestagsvizepräsidentin Edelgard Buhlman gefragt, ob sie die Frage zulassen wolle. Worauf Baerbock antwortete: »Ja, fragen sie ruhig.« Fragesteller war der CDU-Abgeordnete Phillip Lengsfeld, und bevor der nun seine wirkliche Frage stellte, kam es zu einer in gewissem Maße komischen Situation. Lengsfeld war ebenfalls neu im

Bundestag und er unterstrich das mit den Worten, diese Zwischenfrage sei die erste, die er nun in seiner Funktion als Abgeordneter stelle. Worauf Baerbock antworte, dies sei auch ihre erste Rede, das treffe sich gut. Worauf sie von ihrer Fraktion fröhlichen Beifall erntete.

Lengsfeld nun begann seine Frage mit den Worten, sie habe in ihrer emotionalen Rede auf die schreckliche Katastrophe hingewiesen, die gerade die Philippinen getroffen hatte. Ihr sei aber ohne Zynismus schon klar, so Lengsfeld, dass dieser Taifun, wenn überhaupt, nur peripher etwas mit dem Klimawandel zu tun habe? Darauf folgte Gelächter aus den Reihen der Grünen-Fraktion, bevor Lengsfeld seine Frage fortsetzte, indem er darauf hinwies, er habe kürzlich einen Fachartikel in der Berliner Tageszeitung *Tagesspiegel* gelesen, dass die Hauptursache für die schreckliche Katastrophe auf den Philippinen sich in der jahrzehntelangen Entwaldung in Kombination mit einem massiven Bevölkerungsanstieg finde. Er meine daher, man solle zu einer sachlicheren Diskussion finden. Es könne nicht sein, dass jeder Taifun – und Taifune werde es sicher wieder geben – eine Diskussion auf sachlicher Basis übertünche.

Annalena Baerbock dürfte in diesem Moment zumindest innerlich mit dem Kopf geschüttelt haben. Zunächst aber bedankte sie sich brav für die Frage, bevor sie erklärte, sie habe nicht gedacht, dass Lengsfeld den Koalitionsvertrag noch übertreffen könne. In diesem Vertrag werde ja immerhin anerkannt, dass der Klimawandel vom Menschen gemacht sei. Das erkenne nicht nur die Bundesregierung, sondern inzwischen wohl sogar fast jeder Mensch im Lande an. Erkenne jedoch Lengsfeld das nicht an, dann zähle er zu einer deutlichen Minderheit. Worauf Annalena Baerbock nun Beifall nicht nur von der Fraktion der Grünen, sondern auch von den Politikern der Linken erhielt. Natürlich, setzte sie fort, könne man nie sagen, ob ein einzelner Taifun vom Klimawandel verursacht sei. Doch die Erderwärmung und die Erwärmung der Meere führten dazu, dass sich Wirbelstürme verschärften – nicht nur auf den Philippinen, sondern weltweit. Es gebe fachliche Studien, die genau das untermauerten.

Dann ging sie über zu dem von Lengsfeld genannten Problem der Entwaldung, und sie sagte in diesem Zusammenhang, dass sie dieses Thema in ihrer Rede ohnehin noch habe erwähnen wollen. Man habe ja in Warschau zum Glück erreicht, dass das Wiederaufforstungsprogramm REDD+ auf den Weg gebracht worden sei, und dass man sich weltweit für eine Eindämmung der Abholzung von Tropenwäldern einsetze. Der Taifun sei letztlich eine gute Warnung gewesen in Bezug auf den Klimawandel und auch in Bezug auf die global stattfindende Entwaldung. An dieser Stelle nun erhielt Baerbock Beifall von den Grünen, den Linken und auch von Abgeordneten der Regierungspartei SPD.

Langsam neigte sich die Redezeit zu diesem Zeitpunkt nun dem Ende zu, und Annalena Baerbock sagte, ihr sei zum Schluss eines noch sehr wichtig: Man habe gesehen, dass die Preise für den Emissionshandel nicht nach oben geschnellt seien, dass diese vielmehr immer noch im Bereich von fünf Euro je Tonnen $CO_2$ lägen, obwohl man eigentlich 25 bis 30 Euro brauche. Es gebe Forderungen, dass die EU vor diesem Hintergrund endlich handeln müsse. Die Grünen forderten daher die Regierung dazu auf, sich im Rahmen der Vorbereitung des EU-Frühjahrsgipfels dafür einzusetzen, den Emissionshandel wieder zu dem zu machen, was er eigentlich ja habe sein sollen: ein scharfes Schwert im Klimaschutz. An dieser Stelle gab es noch einmal Beifall von den Grünen, bevor Bundestagsvizepräsidentin Buhlman erklärte: »Frau Kollegin, Sie müssen zum Schluss kommen.« Was Baerbock tat, allerdings nicht sofort. Vielmehr erklärte sie, sie möchte in diesem Sinne bei den Parlamentarierinnen und Parlamentariern dafür werben, trotz des Koalitionsvertrages deutlich zu machen, dass Deutschland den Klimaschutz nicht ersatzlos streichen wolle, sondern dass man mit ambitionierten Schritten voranschreite auf dem Weg zum nächsten Klimagipfel in Paris im Jahr 2015.

Das also war Annalena Baerbocks erste Bundestagsrede, und diese Rede zeigte eben schon im Jahr 2013 deutlich ein Thema auf, für das sie als Politikerin stand und stehen wollte. Und zwar eben schon zu einer Zeit, als der Klimaschutz bei Weitem nicht den Stellenwert wie im Jahr 2021 einnahm und in der Personen immer wieder auch belächelt wurden, wenn sie sich für die entsprechenden Maßnahmen einsetzten. Aus heutiger Sicht lässt sich daher durchaus behaupten, dass eine Annalena Baerbock – und auch ihre Partei – in diesem Punkt ihrer Zeit eine Spur voraus waren.

# KLIMASCHUTZ – UND ...?

Die Themen der Annalena B.

Bei Politikern stellen sich die Wähler am Ende natürlich immer die Frage, für was diese Person denn eigentlich steht – aus welchem Grund man dieser Politikerin oder diesem Politiker also die Stimme gegen sollte.

Eines der zentralen Themen der Annalena Baerbock ist sicher der Klimaschutz, dem sie ja auch bereits ihre erste Rede im Bundestag gewidmet hat. Es ist in diesem Zusammenhang aber nicht bei dieser einen Rede geblieben, vielmehr spricht sie den Themenbereich immer wieder an. So dürfe nach ihrer Überzeugung hinter dem Wort Klimaschutz niemals ein »Aber« stehen.[83] Denn wenn der Meeresspiegel ansteige und auf der anderen Seite Trockenheit oder gar Wüstenbildung Lebensräume zerstörten, stehe letztlich der Wohlstand insgesamt auf dem Spiel.

Vor allem geht es ihr darum, dass solche Szenarien eben längst keine Zukunftsmusik mehr seien, es handle sich vielmehr um Realitäten, mit denen wir eben nicht erst seit heute fast schon regelmäßig konfrontiert würden. Man brauche nur die Nachrichten zu verfolgen, um den Ernst der Lage wirklich zu realisieren. Immer wieder und immer öfter sei dort von Hitzesommern, riesigen Waldbränden oder auch Überschwemmungen die Rede, immer wieder gehe es auch um Landstriche oder Tierarten die unwiederbringlich verloren gingen.

Allein in Australien hätten im Jahr 2020 in Folge von Dürren und Trockenheit Waldbrände nicht weniger als 21 Prozent des Mischwaldes auf dem gesamten Kontinent vernichtet. Die zerstörten Bereiche beträfen eine Fläche von ungefähr einem Drittel der Größe Deutschlands.

Für sie sei es daher geradezu ein Auftrag, den Klimaschutz nach den Vorgaben des Pariser Klimaabkommens effektiv und auch sozial gerecht umzusetzen.

Annalena Baerbock ist der Überzeugung, dass die Klimakrise einen entscheidenden Wendepunkt in der Geschichte der Menschheit darstellt. Ein Wendepunkt, der aber auch eine zweite industrielle Revolution einläuten könne und der damit eine Epoche der Innovationen und Erneuerungen einleite. Der Mensch stehe vor dem Übergang in ein neues Zeitalter, in dem nicht mehr fossile Stoffe wie Kohle, Öl und Gas verbrannt werden müssen, um daraus Energie zu gewinnen.

Schon jetzt sei zu erkennen, dass dieses Thema eine ganze Generation junger Menschen beschäftige, dass sich auch Städte und Gemeinden damit auseinandersetzten, welche Folgen der Anstieg des Autoverkehrs habe, und die vor diesem Hintergrund neue Konzepte der Mobilität und des Zusammenlebens entwickelten. Immer mehr Menschen würden außerdem ihren Fleischkonsum reduzieren, womit sie einerseits das Klima schützten, andererseits aber auch das Leid der Tiere in industrieller Massenhaltung verringerten.

Solche Entwicklungen dürften ihrer Meinung nach aber nicht in »einem Klein-Klein« ersticken. Man müsse den Klimaschutz vielmehr zu einer Art Leitstern machen, nach dem sich politische und wirtschaftliche Entscheidungen ausrichten. Man brauche daher einen Gesellschaftsvertrag, der den sozial gerechten Klimaschutz zu einem zentralen Ziel macht.

Annalena Baerbock will sich vor diesem Hintergrund dafür einsetzen, dass Unternehmen nachhaltige Produkte und Konzepte entwickeln, die dann auch auf dem Weltmarkt nachgefragt werden und die damit die Arbeitsplätze der Zukunft sichern. Sie ist zudem überzeugt, dass nicht nur die Klimakrise längst da ist, sondern dass auch die Antworten vorhanden sind, um mit der Krise umzugehen. Diese Antworten würden seit Langem von der Wissenschaft und von Parteien wie eben den Grünen regelmäßig wiederholt. Es liege jetzt an den Menschen – nicht zuletzt den politisch verantwortlichen Menschen –, diese Antworten in die Tat umzusetzen. Hinter das Wort Klimaschutz gehöre daher eben kein »Aber«, sondern ein »Ja, und außerdem ...«.

Der Klimaschutz ist das wohl wichtigste Thema in Annalena Baerbocks Katalog, es ist aber nicht das einzige Thema, für das sie steht. Einen weiteren Themenbereich stellen Kinder und Familie dar. Sie selbst fasst dieses Thema unter anderem so zusammen: In Deutschland würden derzeit 13 Millionen Kinder und Jugendliche leben. Genau diese jungen Menschen würden die Zukunft der Gesellschaft darstellen, die Gesellschaft trage daher auch eine große Verantwortung für besagte Kinder und Jugendliche. Die Politik jedoch gäbe ihnen nicht die Priorität, die ihnen tatsächlich zustehe. Viel zu oft werde vergessen, wie wichtig gerechte Startchancen für den weiteren Verlauf eines Lebens seien.[84] Baerbock wolle sich daher dafür stark machen, wolle genau das mit in das Zentrum der Politik rücken.

Kinder und Jugendliche hätten einerseits eigene Bedürfnisse, sie hätten aber auch ein Recht auf eine Kindheit und ein Recht auf Bildung. Der erwachsene Teil der Gesellschaft wiederum habe die Pflicht, den Jungen – und zwar allen – Bildung und gerechte Chancen zu ermöglichen. Doch nicht zuletzt die Coronapandemie habe deutlich gezeigt, wie weit man von diesem Anspruch noch entfernt sei. Denn in dieser Zeit wurde zwar immer wieder über Sportveranstaltungen vor Publikum oder auch Friseurbesuche diskutiert – Schulen und Kitas dagegen wurden oft leichtfertig einfach geschlossen. Dabei habe es sich zwar um notwendige Maßnahmen zur Eindämmung der Pandemie gehandelt – nur habe es die Politik versäumt, Schutzmechanismen zu schaffen. Die Verantwortung habe man vielmehr bei Schulen, Kitas und Eltern abgeladen.

Doch nicht erst seit, sondern auch schon vor Corona habe das deutsche Bildungssystem ein Gerechtigkeitsproblem gehabt. In den Zeiten der Pandemie habe man dann erleben können, wie sich diese Ungleichheiten weiter verstärkten. Studien würden zeigen, dass in Zeiten des Homeschooling rund 20 Prozent der Kinder und Jugendlichen gar nicht mehr durch die Bildungsangebote erreicht wurden. Diese Kinder hätten Schulstoff verpasst und außerdem auch Gelerntes wieder verlernt, so Baerbock. Sie setzt sich daher für einen sogenannten Bildungsschutzschirm ein, der eine Förderung nach solchen Rückständen garantieren soll.

Ihr großes Ziel sei es, dass die Lebenschancen von Kindern und Jugendlichen eben nicht mehr davon abhängen, in welchem familiären und sozialen Umfeld sie aufwachsen. Dass ihre Chancen also nicht mehr davon abhängen, dass etwa bei Alleinerziehenden jeder Cent umgedreht werden müsse, dass die Arbeitsverhältnisse und -zeiten der Eltern nicht Förderungslücken bei den Kindern nach sich ziehen.

Definiere man das den Kindern zustehende Geld und auch die zustehende Förderung neu, damit diese gleichberechtigt am sozialen Leben teilhaben können, dann entlaste man damit auch die Eltern. Notwendig ist laut Annalena Baerbock ein Systemwechsel hin zu einer »grünen Kindergrundsicherung«. Diese Grundsicherung müsse außerdem automatisch und ohne ein übermäßig verkompliziertes Antragsverfahren ausgezahlt werden. Sie mache sich stark für einen garantierten Betrag, der allen Kindern zustehe, diese garantierte Summe solle außerdem ergänzt werden von einem variablen Betrag, der sich an den Einkommensverhältnissen der Familie orientiert.

Zusätzlich müssten dann noch die Fürsorge-Angebote ausgebaut werden. Zu Baerbocks Forderungen zählen daher eine starke Jugendhilfe, »wirklich gute« Kitas und Ganztagsschulen sowie eine umfassende Gesundheitsversorgung. Flexible Öffnungszeiten bei den Betreuungsangeboten etwa sollen Eltern dabei auch das Ausüben eines Berufs erleichtern, was ebenfalls eine Vorsorge gegen Armut der Familien darstellt.

Notwendig sei jedoch eine solide Rechtsgrundlage, damit die Politik die Kinder in den Mittelpunkt ihres Handelns stellen könne. Es müsse auf höchster Ebene ein Mechanismus zur Verfügung stehen, der Kindern zu echter Teilhabe und Mitsprache verhelfe – einklagbare Kinderrechte gehörten daher in die Verfassung.

Die entsprechende Grundgesetzänderung müsse außerdem schnell in die Tat umgesetzt werden, denn viele Kinder würden noch auf Jahre mit den Folgen der Coronazeiten zu kämpfen haben. Sie möchte, so Annalena Baerbock, dass die Bedürfnisse dieser Kinder in das Zentrum gestellt werden und die Gesellschaft ihnen alle Unterstützung zukommen lässt. Damit das aber gelinge, sei es wichtig, umgehend mit den notwendigen Änderungen und Maßnahmen zu beginnen.

Ein weiteres zentrales Thema in Baerbocks Agenda hängt einerseits mit ihrem Engagement für den Klimaschutz zusammen, ist andererseits aber auch unabhängig davon beziehungsweise geht über den reinen Klimaschutz hinaus. Dieses Thema ist der Kohleausstieg.

Kohle sei die schmutzigste und klimaschädlichste Art der Energieerzeugung. Und auch wenn es viele Menschen nicht einmal wüssten, treibe es sie um, dass sieben der neun schädlichsten Kohlekraftwerke der Europäischen Union in Deutschland in Betrieb seien, darunter Jänschwalde und Schwarze Pumpe in ihrer Wahlheimat Brandenburg. An zweiter Stelle nach Polen verbrenne Deutschland mehr Kohle als jedes andere Land in Europa.

Das aber sei nicht nur vor dem Hintergrund des Klimaschutzes absurd. Aus den Schloten der Kraftwerke würden außerdem jedes Jahr vier Tonnen Quecksilber in die Luft geblasen. Das wiederum schade nicht nur der Umwelt, es schade auch den Menschen. Selbst kleinste Mengen des Schwermetalls schädigten bereits die geistige Entwicklung ungeborener Kinder, gelangt das Quecksilber ins Wasser, führe das zu Krebserkrankungen und Nervenschäden. Mittlerweile seien in Deutschland fast alle sogenannten Oberflächengewässer mit Quecksilber belastet.

Gerade in Brandenburg müsse sie zudem beobachten, wie der Braunkohleabbau ganze Landstriche zerstöre, und wie er Menschen ihrer Heimat beraube. Der Braunkohletagebau hinterlasse riesige Krater, die dann über Jahrzehnte mit sehr viel Aufwand wieder renaturiert werden müssten. Immer wieder komme es auch zu Spätfolgen für das Wasser, die Bäche und die Flüsse – etwa die sogenannte Verockerung, den Menschen meist einfach als braune Brühe im Wasser bekannt.

Nachdem sie selbst und auch Hunderttausende andere Menschen jahrelang für einen schnelleren Kohleausstieg gestritten hätten, wurde 2019 von einer Kommission eine Perspektive entwickelt, wie denn Deutschland möglichst schnell und sozial verträglich aus der Kohle aussteigen könnte. Doch statt genau das auch umzusetzen, hätten CDU/CSU und SPD den gefundenen Kompromiss einseitig aufgehoben. Mit der Folge, dass Deutschlands Kohlekraftwerke der Umwelt und der Gesundheit der Menschen noch bis zum Jahr 2038 Schaden zufügen könnten.

Damit habe man Zukunftschancen vertan, da jedes weitere Jahr mit Kohlekraftwerken am Netz Zeit im Kampf gegen die Klimakrise koste. Es koste aber auch die Zeit derjenigen, die im Kohleabbau oder den Kraftwerken arbeiteten – Zeit, die man etwa in Weiterbildungen und allgemeine Zukunftsperspektiven hätte stecken können. Während andere Länder grüne Zukunftstechnologien entwickeln würden, die künftig den Weltmarkt bestimmen werden, verbrenne Deutschland quasi seine Zukunftschancen.

Annalena Baerbock will daher weiter daran arbeiten, dass der Kohleausstieg bereits im Jahr 2030 umgesetzt ist. Sie will sich außerdem dafür einsetzen, dass der EU-Emissionshandel die Schäden der Kohleverbrennung mit einem gerechten Preisschild für die Konzerne versehe. Sie will sich dabei auch für einen massiven Ausbau erneuerbarer Energien einsetzen, der den »Kohlestrom« möglichst schnell ersetzt.

All diese Punkte – von Klima über Kinder bis Kohle – sind zentrale Pfeiler in Baerbocks Agenda. Es handelt sich jedoch längst nicht um alle Themen, mit denen sie sich beschäftigt beziehungsweise für die sie sich einsetzt. Im Grunde ist ihr Programm recht umfassend und reicht von Arbeit über Rente bis hin zu Wirtschaft und Wohnen. Da in diesem Buch jedoch der Platz nicht ausreicht, um wirklich alle Themen umfassend zu behandeln, hier noch einige Schwerpunkte aus Baerbocks Agenda sozusagen im Schnelldurchlauf.

**Digitalisierung:**[85] Von Smartphones über soziale Netzwerke bis hin zu Pflegerobotern verändert die Digitalisierung letztlich alle Lebensbereiche. Doch Digitalisierung passiert laut Baerbock nicht einfach, man könne und müsse sie politisch wie gesellschaftlich aktiv gestalten – und zwar jetzt. Dabei gelte es, die Vorzüge allen zugänglich zu machen, andererseits aber auch alle vor den Gefahren zu schützen – wie etwa der sich ausbreitenden Hasskultur im Netz. Baerbock wolle daher einen Rechtsanspruch auf ein schnelles Netz für alle einführen, fordere aber gleichermaßen klare Vorgaben für einen digitalen Daten- und Verbraucherschutz. Ebenfalls auf ihrer Agenda steht eine digitale Modernisierung der Verwaltungen, während sie sich andererseits gegen eine Dauer-Beobachtung der Menschen einsetzt, die mit einer freiheitlichen Demokratie nicht vereinbar sei.

**Einwanderungspolitik:**[86] Deutschland ist ein Einwanderungsland, so Annalena Baerbock – und ein Einwanderungsland brauche ein zeitgemäßes Einwanderungsgesetz. Die alternde Gesellschaft und der Fachkräftemangel würden zeigen, dass Deutschland langfristig auf Einwanderung angewiesen ist. Notwendig sei vor diesem Hintergrund eine kontinuierliche aber eben auch gesteuerte Einwanderung. Mit einem neuen Einwanderungsrecht wolle man Einwanderung liberalisieren und auch von überflüssiger Bürokratie befreien. Es sollen außerdem »attraktive Bedingungen« für Integration geschaffen werden, denn nur so würden sich etwaige Talente und deren Familien für eine Zukunft in Deutschland entscheiden.

**Flüchtlingspolitik:**[87] Das Grundrecht auf Asyl will eine grüne Bundesregierung entschlossen und konsequent verteidigen. Die beste Flüchtlingspolitik sei jedoch eine, die Menschen davor bewahre, ihre Heimat überhaupt verlassen zu müssen. Dabei gehe es darum, Entwicklungshilfe-Gelder eben nicht zu kürzen und auch mit einer entschiedenen Klimaschutzpolitik Lebensräume zu erhalten beziehungsweise sie zu schützen. Auf der anderen Seite werde aber auch künftig nicht jeder in Deutschland bleiben können. Werde aber ein Asylantrag abgelehnt, dann habe die freiwillige Rückkehr der Menschen Vorrang vor einer Abschiebung. Eine Abschiebung in Krisenregionen sei ohnehin nicht tolerierbar.

**Innere Sicherheit:**[88] Annalena Baerbock will sich, wie auch ihre gesamte Partei, für einen freiheitlichen und damit starken Rechtsstaat einsetzen – denn nur so sei Sicherheit zu gewährleisten. Man werde niemals hinnehmen, dass rechte oder islamistische Terroristen Menschen verletzen oder töten, dass sie die freiheitliche Grundordnung ablehnen. Damit Deutschland ein sicheres Land bleibe, benötige man eine reale Sicherheitspolitik – keine symbolischen oder populistischen Maßnahmen. Um für Sicherheit zu sorgen und dabei die Freiheit zu schützen, setze man auf eine Stärkung der Polizei – will die Polizeiarbeit jedoch deutlich von der Geheimdienstarbeit trennen. Der Verfassungsschutz wiederum sei reformbedürftig – nicht zuletzt wegen seiner »Blindheit« in Bezug auf rechte Gefährder und seiner Neigung, Informationen nicht auszutauschen.

**Sauber Autofahren:**[89] In der deutschen Autoindustrie müsse sich einiges ändern – das stehe nicht erst seit dem Diesel-Skandal oder der Diskussion über Stickoxyd-

Grenzwerte fest. Deshalb sollen ab dem Jahr 2030 alle neuen Autos abgasfrei fahren. Die Frage sei inzwischen nicht mehr, ob sich das abgasfreie Auto durchsetze, es gehe vielmehr darum, wer es erfolgreich baue und damit dann auch langfristig Arbeitsplätze sichere. Insgesamt werde der Automobilmarkt weiterwachsen. Davon könne die deutsche Automobilindustrie profitieren, wenn sie bei umweltfreundlichen Antrieben vorn mitfahre und auf diese Weise auch ihre Marktanteile behalte. Bekämen die Hersteller aber nicht rechtzeitig die Kurve, riskierten sie damit Abertausende Arbeitsplätze. Dabei sei auch zu erwähnen, dass die Regeln ab 2030 nur Neuwagen betreffen – ältere Autos dürften natürlich weiter genutzt werden.

**Wohnen:**[90] Man will dafür sorgen, dass das Wohnen auch in den wachsenden Städten bezahlbar bleibt. Die Wohnungen sollen aber nicht nur bezahlbar bleiben, sie sollen auch nahe den Arbeitsplätzen, den Schulen oder Kitas liegen. Denn gerade bei Kindern sei so etwas auch entscheidend für deren Zukunftschancen. Über einen Zeitraum von zehn Jahren soll daher eine Million neuer Wohnungen entstehen. Man wolle auch die Bundesmittel für das Wohngeld verdoppeln, will für eine Mietpreisbremse ohne Schlupflöcher sorgen. Außerdem will man verhindern, dass Finanzinvestoren den Wohnraum in den Städten kontrollieren, ihn geradezu missbrauchen. Daneben gehe es noch um nachhaltige Modernisierung von Wohnungen – ein Förderprogramm in Höhe von sieben Milliarden Euro soll dazu beitragen, dass Wohnungen klimafreundlich, barrierearm sowie fair modernisiert werden.

All die eben genannten Themen sind letztlich nur Ausschnitte aus all dem, was sich Annalena Baerbock und ihre Partei auf die Fahnen geschrieben haben. Wer sich wirklich mit jedem einzelnen Punkt auseinandersetzen will, der findet auf der Homepage der Kanzlerkandidatin ein umfassendes A bis Z ihrer Themen und ihrer Positionen zu diesen Themen.[91]

# WEITER NACH OBEN

Von Jamaika bis Habeck

Die erste Rede der Annalena Baerbock im Bundestag sollte nicht ihre letzte bleiben, und auch ihrer ersten Legislaturperiode folgte eine weitere. Am 26. November 2016 wurde sie von der Delegiertenkonferenz in Potsdam zur Spitzenkandidatin Brandenburgs für die Bundestagswahlen des kommenden Jahres gewählt – mit 99 Prozent der Stimmen.[92] Bei der Bundestagswahl am 24. September 2017 erhielt sie 8,0 Prozent der Erststimmen, was dazu führte, dass sie erneut als Abgeordnete der Grüne in den Bundestag einzog.[93] Dort folgte dann nahezu umgehend der nächste Schritt in der Karriere der Annalena Baerbock. Denn nun saß sie mit am Verhandlungstisch, als es nach den Bundestagswahlen um die Koalitionsverhandlungen ging.

Die Ergebnisse der Bundestagswahl des Jahres 2017 waren gewissermaßen historisch – vor allem weil gerade die großen Volksparteien historisch schlechte Ergebnisse erzielten. Die CDU/CSU stellte zwar weiter die größte Bundestagsfraktion, erzielte mit 32,9 Prozent der Stimmen jedoch ihr schlechtestes Ergebnis seit dem Jahr 1949, verlor gegenüber der Wahl von 2013 ganze 8,6 Prozent der Wählerstimmen. Die SPD verlor zwar »nur« 5,2 Prozent, erzielte mit gerade einmal 20,5 Prozent der Stimmen jedoch ihr schlechtestes Ergebnis überhaupt. Gewinner der Wahl waren andere: Die AfD zog mit 12,6 Prozent der Stimmen erstmals in den Bundestag ein, die FDP scheiterte 2013 noch an der Fünf-Prozent-Hürde, kam nun jedoch wieder auf stattliche 10,7 Prozent. Die Linke konnte ihren Stimmenanteil auf 9,2 Prozent steigern und auch die Grünen legten zu, erhielten 8,9 Prozent der Stimmen.[94]

Die Frage war nun aber, wer denn die Regierung bilden solle. Die SPD hatte erklärt, dass sie für eine Fortsetzung der Großen Koalition nicht zur Verfügung stehe. Die einzige Alternative schien eine sogenannte Jamaika-Koalition zu sein, also eine Regierung aus der schwarzen CDU/CSU gemeinsam mit der gelben FDP und den Grünen.[95] Tatsächlich wurden dann entsprechende Verhandlungen aufgenommen, bei denen auf grüner Seite eben auch Annalena Baerbock mit am Tisch saß. Die allerdings trat dann am 20. November des Jahres nachts um 2.30 Uhr sichtlich erschöpft und übernächtigt vor eine Kamera und berichtete, was inzwischen geschehen war.[96] Die Sondierungsgespräche, so Baerbock, hätten nach harten vier Wochen ein Ende gefunden. Der Grund: Die FDP sei aus dem Verhandlungsraum »einfach rausmarschiert«, was diese offensichtlich auch genauso vorbereitet habe. »Ziemlich heftig« sei das gewesen. Vor allem weil man zuvor sehr stark gerungen habe innerhalb der einzelnen Parteien, um sich aufeinander zuzubewegen. Man habe dabei in manchen Bereichen dann auch Schnittmengen gefunden. Die Grünen selbst hätten leidenschaftlich und intensiv gekämpft, wären immer wieder auch bis an ihre politische Schmerzgrenze gegangen. Sie hätten gekämpft für mehr Klimaschutz, für eine offene Einwanderungsgesellschaft, für eine humane Flüchtlingspolitik. Man habe ebenfalls gekämpft für eine Bekämpfung der Kinderarmut und die Stärkung der ländlichen Räume. Bei einigen dieser Punkte hätten sich Parteien aufeinander zubewegt, bei anderen jedoch sei man noch nicht dort gewesen, wohin man sich habe bewegen wollen.

Doch dass diese Verhandlungen nun derart abrupt endeten beziehungsweise abgebrochen wurden, das sei eben schon heftig. Den Grünen sei immer auch klar gewesen, dass man bei den Verhandlungen eine Verantwortung für das Land und für Europa trage. Die »ausgestreckte Hand« von Frankreichs Präsident Macron sowie von Kommissionspräsident Juncker werde nun nicht angenommen. Das alles sei zu der aktuellen Zeit und auch zu der damals nächtlichen Stunde ziemlich ernüchternd – »da müssen wir gemeinsam die nächsten Wochen gestalten«. Als Grüne werde man weiter für die Themen der Partei kämpfen. Daneben merkte Annalena Baerbock noch an, wie sehr es sie freue, in den vergangenen Wochen so viele Rückmeldungen bekommen zu haben – aus der eigenen Partie, aber auch von Bürger, Vereinen, Verbänden und Gewerkschaften. Das würde sie für die kommenden Monate stärken.

Bemerkenswert ist diese kurze Stellungnahme von gerade einmal anderthalb Minuten Länge auch wegen des Ortes, an dem sie aufgenommen worden ist. Denn Annalena Baerbock stand nicht unter den gezielt ausgerichteten Scheinwerfern, die üblicherweise bei derartigen Statements von den Medien aufgestellt werden. Sie befand sich vielmehr in einem eher schummrig beleuchteten Raum, bei dem es sich recht eindeutig um den Saal handelte, in dem zuvor die Verhandlungen stattgefunden hatten, in dem sich nun aber außer ihr niemand mehr befand. Bemerkenswert ist an dem Statement außerdem, dass es eben Annalena Baerbock ist, die nun quasi zu der Partei und deren Mitgliedern spricht. Sie hatte sich also innerhalb der Partei bereits einen bedeutungsvollen Stellenwert erarbeitet.

Und der nächste Schritt nach oben auf der Karriereleiter sollte nicht lange auf sich warten lassen.

Dieser Schritt war zu Beginn des Jahres 2018 noch nicht getan, doch allein, dass dieser Schritt überhaupt im Bereich des Möglichen lag, das war das zentrale Thema eines TV-Interviews, das der Sender Phoenix am 11. Januar 2018 ausstrahlte. Dieses Interview beziehungsweise Gespräch fand im Rahmen der Reihe »Im Dialog« statt. Geführt wurde das Gespräch von dem Journalisten Michael Hirz, für den das Interview gleichermaßen eine Art Abschied darstellte. Hirz hatte 2008 die Position des Programmgeschäftsführers bei dem Sender übernommen, schied nun aber im Januar 2018 aus dieser Position aus.[97]

Hirz hatte im Lauf seiner Karriere viele große Namen zu Gast. Er hatte mit Angela Merkel ebenso wie mit dem Nobelpreisträger Günter Grass sowie zahlreichen Spitzen-Politikern gesprochen. Dass er nun zum Ende seiner Laufbahn Annalena Baerbock gegenübersaß, das zeigt nicht zuletzt wohl auch, welchen Stellenwert er deren politischer Zukunft zumaß.[98] Warum, das wurde dann sehr schnell klar. Hirz stellte Baerbock zwar als Bundestagsabgeordnete vor, vor allem aber betonte er, dass bald sie Vorsitzende der Grünen werden wolle.

Seine erste Frage nun lautete, ob zu der grünen DNA eine Lust an der Destruktion oder ein Masochismus gehöre. Baerbock antwortete, dass das nicht der Fall sei, dass es vielmehr um eine Freude an der Politik und die Freude an der politischen Debatte gehe. Sie ahne aber, in welche Richtung die Frage gehe, dass Hirz nämlich auf Streitigkeiten anspiele. Hirz erklärte nun den Hintergrund seiner Frage, der darin bestand, dass die Grünen nicht immer sehr schonend mit ihrem Spitzenpersonal umgingen. Aktuell habe es gerade Cem Özdemir erwischt. Der sei der mit Abstand populärste Politiker aus den Reihen der Grünen, gerade er aber werde zumindest auf absehbare Zeit funktionslos sein und sich in den hinteren Reihen des Bundestages wiederfinden.

Womit Hirz wieder auch auf die Verhandlungen zur Jamaika-Koalition abhob. Denn bei den Verhandlungen saß Özdemir gemeinsam mit Kathrin Göring-Eckhard für die Grünen quasi in der vorderen Reihe, wurde im Fall einer Regierungsbildung sogar als potenzieller Außenminister gehandelt.[99] Nach dem Scheitern der Verhandlungen dann zog er sich aus den vorderen Reihen der Politik zurück, was jedoch wohl nicht gänzlich reibungsfrei geschehen sei, wie Hirz mit seiner Frage andeutete. Baerbock antwortete darauf, dass sich ein Cem Özdemir sicher nicht in den hinteren Reihen des Bundestages verstecken werde, sondern auch weiterhin grüne Politik mitgestalten werde, nicht zuletzt vor dem Hintergrund seiner internationalen Bekanntheit.

Nach diesem kurzen Exkurs ging es dann jedoch wieder um das eigentliche Thema – Annalena Baerbocks Kandidatur. Sie habe nun den »Hut in den Ring geworfen« – allerdings erst, nachdem sie zunächst derartigen Plänen eine Absage erteilt habe. Es ging Hirz also darum, was zu diesem Sinnesumschwung geführt hatte, und es ging auch darum, was Baerbock als Vorsitzende der Grünen erreichen will.

Die erklärte, dass sich eine solches Amt nicht »nebenbei« ausüben lasse. Es sei daher ein langer Prozess des Überlegens und des In-sich-Gehens notwendig gewesen. Als sie zunächst erklärt habe, sie wolle den Vorsitz nicht übernehmen, da habe es noch so ausgesehen, dass die Grünen in einer Jamaika-Koalition mitregieren würden. Das hätte damit dann auch zwei Aufgaben für eine Parteivorsitzende bedeutet – da die Partei eben gleichzeitig auch noch ein neues Grundsatzprogramm habe formulieren wollen, was sehr viel Kraft und Energie binde. Eine Regierungsbeteiligung wäre daher eine weitere zeitbindende Aufgabe gewesen. Vor diesem Hintergrund habe sie als Mutter von inzwischen zwei kleinen Kindern gesagt, dass ihr das zu viel geworden wäre. Im Dezember und damit nach den gescheiterten Verhandlungen habe sich die Situation jedoch wieder anders dargestellt. Gerade auf die Erarbeitung des neuen Grundsatzprogramms habe sie »richtig Lust«, sie sei jemand, der leidenschaftlich um Inhalte ringe, auch mal streite und nicht zuletzt gern auch neu Wege ausprobiere.

Nun ging es in diesem Gespräch zurück in die Vergangenheit und damit dann auch zu der Frage, was Annalena Baerbock eigentlich dazu gebracht habe, sich politisch zu engagieren – auch wenn das in der Gesellschaft aktuell gar nicht »en vogue« sei. Worauf Annalena Baerbock erzählte, was im Jahr 2018 die wenigsten Menschen von ihr wussten, da sie eben in der öffentlichen Wahrnehmung auch noch gar nicht präsent war. Annalena Baerbock erzählte nun, das Übel in der Welt habe sie bereits als Jugendliche »total mitgenommen«, lange Zeit habe sie daher Journalistin werden wollen. Gleichermaßen sei sie jedoch auch an den politischen Prozessen interessiert gewesen, habe daher dann verschiedene Praktika im politischen Betrieb gemacht.

Auf die Frage, was sie denn eigentlich geprägt habe, berichtete Baerbock von ihrer Jugend auf dem Dorf in Niedersachsen. Und sie erzählte auch, dass dort in den Neunzigerjahren eine Flüchtlingsunterkunft existierte. Diese Unterkunft habe sich direkt gegenüber einer Bushaltestelle befunden, an der sie regelmäßig auf den Bus zur Schule wartete. Eines Tages habe es einen Anschlag mit Molotowcocktails auf die Unterkunft gegeben. Das habe sie damals schwer erschüttert. Zudem ständen die Neunziger in ihrer Erinnerung auch für intensive Proteste gegen Rechts, sie habe sich in diesem Zusammenhang dann auch in der Schülerschaft engagiert. Dazu sei das Interesse an internationalen Vorgängen gekommen, was wieder zu dem Wunsch geführt habe, eben als Journalistin aus den Krisenregionen der Welt zu berichten. Das habe letztlich in einem Studium des Völkerrechts gemündet. Der Wunsch, für Gerechtigkeit zu kämpfen verbunden mit einer emotionalen Ebene der Menschlichkeit sei es am Ende, wofür sie in der Politik streiten wolle. Es sei ihr immer wichtig, auch vor Ort zu sein, die persönlichen Schicksale der Menschen zu kennen. Was nun zu einem Zeitsprung ihrer Erinnerungen und hin zu der Flüchtlingsdebatte jener Zeit führte. In Brandenburg habe sie versucht, bei sehr vielen Flüchtlingsunterkünften auch im äußerst ländlichen Raum vor Ort zu sein, was dann letztlich auch zu einer Patenschaft für eine syrische Familie geführt habe. Zusammenfassend erklärte Baerbock, es sei ihrer Meinung nach eben wichtig, vor Ort zu sein und Schicksale zu erleben, das Erlebte dann in politische Arbeit einzubringen – damit Politik eben nicht so abstrakt erscheint, wie sie eben so oft wirkt.

Von den Erinnerungen ging es nun wieder in die Gegenwart beziehungsweise die Zukunft. Denn Hirz sprach jetzt den Fakt an, dass die Grünen ja nicht nur einen Vorsitzenden wählten, sondern dass es in der Partei vielmehr immer um eine Doppelspitze gehe. Nach dem damaligen Stand der Dinge werde es bei der Kandidatur zwei Gegenkandidaten geben, gegen die Baerbock sich durchzusetzen habe. Eine Kandidatin sei Anja Piel, damals Fraktionsvorsitzende der Grünen im Niedersächsischen Landtag.[100] Der andere Kandidat sei Robert Habeck. Die Frage an Annalena Baerbock lautete vor diesem Hintergrund, welche der beiden genannten Personen ihr an ihrer Seite in einer Doppelspitze lieber sei. Baerbock wiederum zeigte an dieser Stelle, dass sie bereits eine gewisse Meisterschaft entwickelt hatte, eine solche Frage im Politiker-Stil zu beantworten – also eine Antwort zu geben, die letztlich keine Antwort auf die eigentliche Frage darstellt. Sie sei ein Fan der Doppelspitze, es sei aber immer auch die Frage, wie man dieses Thema denn verstehe. Sie verstehe diese Doppelspitze als ein Team, das nicht gegeneinander, sondern gemeinsam arbeite, um Ziele zu erreichen beziehungsweise umzusetzen. Dass dabei auch jede Hälfte der Doppelspitze jene Felder bearbeite, für die sie mit ihren individuellen Fähigkeiten und Kenntnissen am besten geeignet ist. Für sie bedeute die Doppelspitze daher vor allem doppelte Kraft. Dass es mehrere Kandidaten für den Vorsitz gebe, das finde sie gut – denn eine Wahl mache schließlich nur dann Sinn, wenn es eine Wahl im Sinne von Auswahl gebe. Zudem sei es so, dass der Bundesvorstand aus sechs Personen bestehe, nicht nur aus den beiden Vorsitzenden. Wer ihr dann an ihrer Seite am liebsten wäre, das sei gar nicht die entscheidende Frage – es handle sich schließlich nicht um ein persönliches Wunschkonzert. Der Parteitag werde entscheiden, was das Beste für die Partei sei.

Hirz jedoch wollte immer noch nicht lockerlassen, und insistierte, sie werde doch eine Vorliebe für einen der beiden Mitkandidaten haben. Eine Antwort bekam er jedoch immer noch nicht, vielmehr gab Annalena Baerbock eine Erläuterung des grünen Wahlprozesses im Hinblick auf den Parteivorsitz. Sie selbst trete an auf dem Frauenplatz, der zuerst gewählt werde. Anja Piel wiederum kandidiere ebenfalls auf diesem Frauenplatz. Der Parteitag werde abstimmen, danach dann werde der offene Platz gewählt. Auf diesem Platz kandidiere Robert Habeck, es könne aber auch eine der beiden Frauen noch einmal antreten. Hirz erklärte lachend, sie wolle offensichtlich auf die Frage nicht antworten – wozu Baerbock mit einem Hauch eines Lächelns im Gesicht schwieg.

Woraufhin nun das Thema gewechselt wurde – es ging zurück zu den gescheiterten Jamaika-Verhandlungen. Das sei, so Hirz, das erste Mal gewesen, dass sie gemeinsam mit den Spitzen der übrigen Parteien am »ganz großen politischen Rad« gedreht habe. Und dieser erste große Dreh sei am Ende gescheitert. Der Interviewer wollte daher wissen, wie Baerbock dieses Scheitern verarbeitet habe, ob es sie in irgendeiner Form bremse oder ob sie die gescheiterten Verhandlungen schlicht abhake und zu anderen Themen übergehe.

Annalena Baerbock erklärte daraufhin, dass es sich um eine wirklich besondere Erfahrung gehandelt habe. Zuvor hätte sie innerhalb der Partei mit anderen an Themen wie etwa dem Kohleausstieg gearbeitet. Während der Verhandlungen sei es nun aber nicht mehr um die Theorie etwa des Kohleausstiegs gegangen, sondern darum, wie sich das Gewünschte und Geplante auch wirklich umsetzen lasse. Letztlich hätten sich die Verhandlungen dann jedoch als Zerreißprobe entpuppt, da die Positionen der Parteien sich als »extremst unterschiedlich« erwiesen hätten. Auf grüner Seite sei jedoch immer klar gewesen, dass man um die Sache kämpfen würde – dass es quasi »um jede Tonne $CO_2$« gehe, die sich einsparen ließe. Und es sei im Hinblick auf die Flüchtlingspolitik dann auch um jedes Kind und jede Familie gegangen, die sicher nach

Deutschland nachkommen könne. Es sei außerdem um jedes Kind gegangen, das man in Deutschland durch die Verhandlungen hätte aus der Armut holen können.

Während besagter Verhandlungen habe man dann aber erkennen müssen, dass man in manchen Bereich absolut nichts von den grünen Inhalten habe durchbringen können. Als Beispiel nannte Baerbock die Europapolitik – das sei »heftigst« gewesen. Gerade die FDP sei in den Verhandlungen von dem eigentlich Pro-Europäischen-Kurs der Partei vollkommen abgekommen.

Bei anderen Themen wiederum habe man mit massivem Druck tatsächlich Fortschritte erzielt. Ein Beispiel dafür sei besonders der Einstieg in den Kohleausstieg gewesen.

Gerade diese erzielten Fortschritte seien dann auch verantwortlich dafür, dass sie das Scheitern der Verhandlungen schließlich schwer getroffen habe.

Nun wollte Hirz aber noch wissen, was Annalena Baerbock während der Koalitionsverhandlungen denn am meisten überrascht habe. Woraufhin die jedoch nicht auf einzelne Verhandlungspunkte einging, sondern erklärte, wirklich am meisten überrascht habe sie der vorherrschende Ton. Es sei schon »ziemlich heftig« gewesen, wie die Politiker während der Verhandlungen miteinander umgegangen seien. Es habe männliche Angriffe nach außen, innen, unter der Gürtellinie und schlicht und einfach überallhin gegeben. Die Polemik »einiger Herren« sei schon »krass« gewesen, vor allem da es eigentlich ja hätte um Inhalte gehen sollen.

Es habe aber unter anderem im Hinblick auf die Europapolitik auch inhaltlich tiefgehende Debatten gegeben, das sei jedoch schließlich zerstört worden »gerade auch durch Herrn Lindner«, also den FDP-Chef.

Im positiven Sinne überrascht habe sie schließlich der Umstand, dass man gerade bei kleinen Themen, die von der Öffentlichkeit nicht einmal wahrgenommen würden, ein gutes Stück vorangekommen sei. Baerbock nannte in diesem Zusammenhang nun den Punkt des kostenlosen Schul-Essens. Das, so sagte sie, nähme man meist als wahrhaft kleinen Themenpunkt wahr. Ihr jedoch sei dieser Punkt sehr wichtig, auch als Mutter zweier Kinder. Es gebe Schulen, an denen ein Drittel der Kinder nichts zu Mittag essen würden. Etwa weil der familiäre Hintergrund es unmöglich mache, die entsprechenden Papiere für ein Schulessen auszufüllen, manchmal sei es auch schlicht eine Kostenfrage. Wichtig sei in diesem Zusammenhang aber vor allem, dass diese Kinder von Anfang an spürten, sie würden nicht dazugehören. Genau das lasse sich auf dem weiteren Lebensweg kaum wiedergutmachen. Außerdem solle sich doch jeder Menschen einmal vorstellen, wie es wäre, wenn das Mittagessen ausfiele und man dann trotzdem noch konzentriert arbeiten beziehungsweise lernen müsste. Hier etwas zu erreichen, das würde Veränderungen schaffen, die auch nachhaltig wären - selbst wenn die Medien nicht darüber berichteten.

An dieser Stelle ging es nun noch einmal zurück zur großen Politik und damit auch noch einmal zu den gescheiterten Verhandlungen. Ob Kanzlerin Merkel es hätte schaffen können, dass die Verhandlungen fortgesetzt werden hätten können, wollte Hirz wissen. Baerbock allerdings ging gar nicht auf den Namen Merkel ein – es sei vor allem die FDP gewesen, die das Scheitern herbeigeführt habe. Weil die Herren Lindner und Kubicki in der letzten Nacht der Verhandlungen, als alle bereits fix und fertig gewesen seien, im übertragenen und auch tatsächlichen Sinne den Stift weggeworfen hätten. Das sei »heftig« und »krass« gewesen, es sei jedoch auch interessant gewesen, im Rahmen der Verhandlungen einmal mitzuerleben, wie andere Parteien ticken.

Das Interview geht an dieser Stelle noch eine Weile weiter. Wichtig vor dem Hintergrund der damaligen Jamaika-Verhandlungen ist jedoch nicht zuletzt, dass sich das Verhältnis zwischen Baerbock und den FDP-Oberen Kubicki und Lindner nie wieder wirklich ins Lot bringen ließ. Beide keilten gerade im Jahr 2021 nach der offiziellen Kanzlerkandidatur der Grünen gegen Baerbock aus. Etwa in der Form, dass Wolfgang Kubicki während eines Interviews schon mal zu einer Formulierung griff wie »Gott bewahre uns vor einer Kanzlerin Baerbock«.

Als sich das Interview im Januar 2018 schließlich dem Ende näherte, kam es jedoch noch zu einem Thema, bei dem deutlich wurde, wie sehr gerade dieser Punkt Annalena Baerbock am Herzen liegt – das Thema Europa. Es begann damit, dass Annalena Baerbock erklärte, was Europa für sie bedeute: »Europa ist ein Friedensprojekt.« Es habe lange Zeit die Meinung vorgeherrscht, dass genau das nicht mehr gelte, sie aber teile diese These nicht. Vor allem bei jungen Menschen sei das ebenfalls der Fall, gerade auch weil die Welt sich in der jüngeren Zeit so sehr verändert habe. Man habe etwa den Ukraine-Konflikt quasi vor der Haustür, man erlebe außerdem Regime wie in der Türkei, die aus der Demokratie abrutschten in das Autoritäre. Vor diesem Hintergrund sei die Bedeutung des Friedensprojekts Europa zentral. Das gelte ebenso für die Flüchtlingsthematik.

Dieses Interview vom 11. Januar 2018 fand nur rund zwei Wochen vor einem der entscheidenden Termine in dem noch jungen Politikerleben der Annalena Baerbock statt – der außerordentlichen Bundesdelegiertenkonferenz von Bündnis 90/Die Grünen am 27. Januar 2018 in Hannover. Dem Termin also, an dem es um die Wahl der neuen Parteivorsitzenden ging. Da wir heute wissen, wie die Wahl an jenem Tag ausging, hier eine nur kurze Zusammenfassung der Wahlergebnisse. Annalena Baerbock setzte sich mit 64,5 Prozent der Stimmen gegen Anja Piel durch, die nur 34,78 Prozent der Stimmen hinter sich versammeln konnte. Baerbock bildete nun also gemeinsam mit dem schleswig-holsteinischen Umweltminister Robert Habeck die neue Parteispitze.

Erwähnenswert jedoch ist eine kleine Szene, die sich zutrug, nachdem das Wahlergebnis verkündet wurde. Zunächst einmal brandete im Saal Applaus auf, es wurde vielstimmig und zustimmend gejohlt. Baerbock selbst stand nun auf und umarmte ihren Parteikollegen Anton Hofreiter. Während dieser Umarmung nun näherte sich von der Seite Cem Özdemir, um den es ja auch in dem

Phoenix-Interview gegangen war. Es war unschwer zu erkennen, dass Özdemir versuchte, auf die neue Vorsitzende zuzugehen, um ihr zu gratulieren. Die jedoch ignorierte ihn weitgehend - ob bewusst oder im Rausch des Moments zufällig, das kann nur sie beantworten.[101]

Annalena Baerbock eilte nun zur Bühne, wo sie erst einmal das tat, was sie Jahre später auch tun sollte, als sie sich als Kanzlerkandidatin ihrer Partei bewarb - sie griff zum bereitstehenden Wasserglas. Ihre Rede begann sie dann damit, dass es in der Politik darum gehe, Realitäten anzuerkennen, um sie dann verändern zu können.

Die Realität beziehungsweise der Begriff »real« sollte es dann auch sein, der die Berichterstattung der Medien zu dieser Wahl beherrschte. Denn mit der Wahl Baerbocks und Habecks hatten die Grünen mit einem Prinzip gebrochen, das eigentlich unumstößlich schien. All die Jahre zuvor galt es als unausgesprochenes Gesetz, dass die Doppelspitze der Partei auch die beiden Flügel der Partei repräsentieren müsse. Es also eine Vorsitzenden-Hälfte aus dem realpolitischen Flügel gibt - den Realos - und dazu eine zweite Hälfte aus dem linken Flügel. Nun jedoch hatte die Wahl gezeigt, dass die Linken in Form von Anja Piel sich nicht hatten durchsetzen können. Die gewählten Kandidaten Habeck und Baerbock gelten als Vertreter der Realos.

Doch das war nicht die einzige Veränderung beziehungsweise Neuerung, die diese neue Parteispitze mit sich brachte.[102] Bis zu diesem Zeitpunkt forderte ein weiterer Grundsatz die Trennung von Amt und Mandat.

Es durfte also niemand ein Parteiamt übernehmen, der noch eine andere politische Funktion ausübte. Nur war Robert Habeck eben der Umweltminister des Bundeslandes Schleswig-Holstein. Damit er trotzdem auch den Parteivorsitz übernehmen konnte, weichte man also die lange geltende Grundregel der Partei auf: Er durfte für eine Übergangszeit von acht Monaten das Ministeramt parallel zum Vorsitz ausüben – mit der offiziellen Begründung, dass er so seinen Ministerposten geregelt übergeben könne.

In ihren Reden erklärten die neuen Vorsitzenden dann noch einmal, wofür sie eigentlich stehen, welche Themen also »ihre« Themen sind. Was bei Baerbock bedeutete, dass sie einmal mehr erklärte, ihr gehe es um Europapolitik, Armutsbekämpfung und den Klimaschutz. Gerade im Hinblick auf den Klimaschutz forderte sie auch eine gewisse »Radikalität« des Handelns. Habeck wiederum stellte in den Vordergrund, das weitere Auseinanderdriften der Gesellschaft zu verhindern.

Gerade Annalena Baerbocks Rede stellte jedoch auch einen Hinweis auf ein völlig anderes Thema dar. Denn während sie inzwischen als Kanzlerkandidatin der Grünen deutlich an Bekanntheit und Popularität gewonnen hat, sah dies zu Beginn des Jahres 2018 noch vollkommen anders aus. In den Kommentarspalten unter den entsprechenden Medienberichten zur Wahl der Vorsitzenden fanden sich immer wieder Kommentare wie »Von Baerbock habe ich noch nie gehört«.[103] Denn die Medien waren auch im Jahr 2018 eben die Medien, die so funktionierten, wie sie es eben tun. In der Regel geht es daher kaum um wirkliche Inhalte, vielmehr stürzt man sich gern auf Äußerlichkeiten, auch wenn das gerade in der Politik nicht die geringste Aussagekraft hat. Doch die Medien waren sich inzwischen einig, dass es sich bei Robert Habeck um einen äußerst attraktiven Mann handelte. Daher wurde auch immer wieder über ihn berichtet – nicht zuletzt, weil sich ein solcher Bericht dann eben auch mit einem Foto des als attraktiv empfundenen Mannes bebildern ließ.

Habecks Popularität war auf diese Weise in der Öffentlichkeit dermaßen angestiegen, dass genau das nun in den Reden vor der Bundesdelegiertenkonferenz thematisiert wurde. Annalena Baerbock wies in ihrer Rede zunächst darauf hin, dass man zwar auf inzwischen hundert Jahre Frauenwahlrecht zurückblicken könne, dass sich die Zahl der Frauen im Bundestag jedoch auch heute noch an wenigen Händen abzählen lasse. Vor diesem Hintergrund müsse man als Partei und emanzipatorische Kraft klar sagen, dass man an diesem Tag nicht nur die Frau an Robert Habecks Seite wähle. An besagten Habeck gerichtet ergänzte sie, dass sie das mit allem Respekt sage, was dieser ja auch wisse. Man wähle hier vielmehr die neue Bundesvorsitzende von Bündnis 90/Die Grünen. Habeck wiederum regierte darauf in seiner Rede in der Form, dass er hoffe, der »Mann an ihrer Seite zu werden«.

Die Medien zeigten in ihrer Berichterstattung aber einmal mehr, wie sie wirklich gestrickt sind. Denn als es um die Berichterstattung zu diesem Tag ging, da waren die Schlagzeilen im Grunde schon vorher absehbar. Die lauteten entweder »nicht die Frau an seiner Seite« oder »der Mann an ihrer Seite«. Das Nachrichtenmagazin *Der Spiegel* etwa wählte die zweite Variante und übte in dem folgenden Bericht dann auch etwas Selbst- beziehungsweise Medienkritik.[104] Habeck sei in den vergangenen Wochen in den Medien omnipräsent gewesen, habe nach den gescheiterten Jamaika-Verhandlungen als eine Art Heilsbringer der Grünen gegolten. Diese Überhöhung aber sei dann doch manchem Mitglied der Grünen zu viel geworden. Was sicher auch ein Grund dafür sei, dass Baerbock für ihr »nicht die Frau an Roberts Seite« einen Riesenapplaus erntete. Was zu diesem Zeitpunkt jedoch noch wirklich niemand ahnte und ahnen konnte, war das, was sich in den Jahren nach dieser Wahl tun sollte.

# HINTER DEN KULISSEN

18 Monate voller Einblicke

Manchmal ändern sich wichtige Faktoren, ohne dass die Öffentlichkeit davon überhaupt Kenntnis nimmt. Das zeigte sich zum Beispiel, als die Doppelspitze der Grünen am 16. November 2019 für eine zweite Amtszeit antrat. Tatsächlich wurden sowohl Habeck als auch Baerbock wiedergewählt, konnten also weiter den Weg der Partei wesentlich mitbestimmen.

Die Wahlergebnisse auf dem Parteitag zeigten jedoch, dass sich inzwischen etwas verändert hatte. Nach außen hin galt Habeck immer noch als das Gesicht der Partei, wenn über die Grünen gesprochen wurde, dann wurde dabei meist eben auch über Habeck gesprochen – Annalena Baerbock dagegen war immer noch in gewissem Maße eine unbekannte Größe. Innerhalb der Partei aber hatte sich das Gewicht verschoben. Zwar war Habeck auch weiterhin sehr beliebt, konnte einmal mehr ein überragendes Ergebnis erzielen und wurde mit rund 90 Prozent der Stimmen für eine zweite Amtszeit gewählt. Das aber war letztlich nichts im Vergleich zu den Stimmen, die Annalena Baerbock hinter sich versammeln konnte. Freute sie sich bei ihrer ersten Wahl im Jahr 2018 noch über 64 Prozent der Stimmen, erzielte sie nun ein Ergebnis, das es in der Geschichte der Grünen so noch nicht gegeben hat – sie bekam nicht weniger als 97,1 Prozent der Stimmen.[105] Was wiederum bedeutete, dass die in der Öffentlichkeit immer noch so wenig präsente Baerbock innerhalb der Partei inzwischen auf eine breite regelrechte Fan-Basis vertrauen konnte.

Wohin der Weg diese Partei nun aber führen sollte, das formulierte auf dem Parteitag dann doch Habeck am deutlichsten. Und zwar in der Form, dass er erklärte, die Ära Merkel gehe zu Ende, eine neue Ära beginne. Man werbe nun um die Verantwortung dafür, die neue Zeit gestalten zu können.

Was damit gemeint war, das wurde auch der Öffentlichkeit spätestens dann endgültig klar, als der Norddeutsche Rundfunk eine Dokumentation des Autorenteams Reinhold Beckmann und Falko Korth ausstrahlte. Deren Titel drückte die Pläne sehr klar aus, auch wenn dem Titel fast schamhaft ein Fragezeichen angefügt wurde. Dieser Titel lautete »Kurs aufs Kanzleramt? Habeck und Baerbock« – und die Dokumentation stellt das wohl umfassendste und am tiefsten gehende Studium der beiden Politiker dar. Beckmann und Korth haben das grüne Spitzenduo über eine Zeit von nicht weniger als 18 Monaten begleitet, haben dabei nicht zuletzt auch miterlebt, wie Baerbock sich immer weiter aus dem zunächst so übermächtig wirkenden Schatten Habecks befreite beziehungsweise aus diesem Schatten trat.[106]

Zu Wort kommen in der Dokumentation neben den beiden Politikern auch Weggefährten, politische Beobachter und Journalisten, die so ein sehr umfangreiches und zeitweise überraschendes Bild der Persönlichkeiten zeichnen. Ein Bild, das auch erkennen lässt, wie sehr sogar ausgewiesene Insider vom Aufstieg der Annalena Baerbock überrascht wurden. So kommt schon zu Beginn des rund 45-minütigen Films der ehemalige Außenminister, Vizekanzler und grünes Urgestein Joschka Fischer zu Wort. Der berichtet, dass er Robert Habeck schon länger auf dem »Radarschirm« gehabt habe – Annalena jedoch komme für ihn quasi aus dem Nichts.

Der Journalist Stefan Braun von der *Süddeutschen Zeitung* hat Ähnliches zu berichten. Annalena Baerbock habe sich im Jahr 2018 »sehr keck« selbst ins Gespräch gebracht, dann sei sie plötzlich Parteichefin gewesen und damit auch an zahlreichen Kollegen aus der Fraktion vorbeigezogen. Es sei ein Neuanfang an der Seite eines scheinbar übermächtigen Robert Habeck gewesen – heute könne sie zu sich selbst sagen, sie habe alles ziemlich gut hinbekommen, sei immer noch im Rennen.

Julia Amalia Heyer vom *Spiegel* wiederum beschreibt eine frühe Begegnung mit Annalena Baerbock so, dass sie sie als ernsthafte und verantwortungsbewusste junge Frau empfunden habe, die viel will und auch viel kann – die sich aber manchmal »mal bitte locker machen« sollte. In diesem Zusammenhang ging es auch darum, dass Annalena Baerbock vor allem im Frühjahr 2019 immer noch im Schatten Habecks gestanden habe.

Die Chefredakteurin des *Philosophie Magazins*, Svenja Flaßpöhler, nahm in ihrer Einschätzung der beiden Kandidaten jedoch vorweg, was damals noch kaum jemand ahnte. Sie begann damit, Habeck habe es geschafft, in Annalena Baerbock eine Lust am Politischen hervorzuholen. Das sei sicher zum Teil auch ihre eigene Leistung, es habe aber wohl auch etwas mit der Funktion der beiden als Duo zu tun und damit, dass sich Baerbock neben Habeck in gewisser Weise sicher fühle und nicht das Gefühl habe, sie sei nur Beiwerk. Dass sie nicht ständig das Gefühl haben müsse, nur nichts falsch zu machen, um ihm nicht seine Kanzlerschaft zu versauen. Inzwischen gehe Baerbock nach Flaßpöhlers Einschätzung sehr nach vorn. Was dann zu dem eigentlichen Punkt der Aussage führte: Es könne sein, dass sie diesen Weg konsequent weiter beschreite und Habeck dann schließlich auch noch überhole. Sie sei sich zudem sehr sicher, dass der das dann auch mittragen würde.

Die Dokumentation zeigt aber nicht nur sehr deutlich den Weg der beiden Kandidaten, sie ist dabei auch ein Zeitdokument. Denn dass die Journalisten die beiden Grünen über 18 Monaten begleiteten, das bedeutet auch, dass die Dokumentation zeigt, wie das Coronajahr 2020 den Weg der beiden ebenso wie den Weg wohl aller Menschen in Deutschland geprägt hat. Denn wird zu Anfang noch das Bild der Politiker gepflegt, die nahezu unermüdlich von einem Termin zum nächsten hetzen, für die der Stress gewissermaßen zum Normalzustand wird, geht es in der zweiten Hälfte des Films schließlich um unfreiwillige Untätigkeit und um die Frage, wie die stressgewohnten Politiker nun damit fertig werden.

Vor allem wird dabei auch thematisiert, dass Corona eine Oppositionspartei wie die Grünen quasi zum Stillstand gezwungen hat. Denn die Menschen interessierte nun vor allem oder sogar ausschließlich, wie die Regierung in den Zeiten der Pandemie handelte, zu welchen Maßnahmen in Form von Einschränkungen sie greifen würde. Was die Opposition dazu zu sagen hatte, das interessierte bestenfalls am Rande. Was sich auch in den Umfragewerten der

Parteien spiegelte. Lagen die Grünen zuvor noch stabil bei oder über 20 Prozent, lässt Corona die Grünen auf nur noch 16 Prozent fallen – ohne dass die wirklich etwas dagegen tun oder den Trend gar umkehren können.

In dieser Zeit nun ist Robert Habeck vor allem via Instagram präsent, während Annalena Baerbock die Pandemie und die dabei gemachten Erfahrungen völlig anders nutzt. Die erklärt im Interview mit den Filmemachern etwa, sie habe während Corona sehr viel gelernt, auch über sich selbst. Sie habe mit ihren inzwischen vier- und achtjährigen Töchtern erlebt, was Shutdown in Verbindung mit der Arbeit im Homeoffice wirklich bedeute. Vor allem habe sie erlebt und erkannt, dass das nicht wirklich funktioniere. Denn die Kinder könnten einfach nicht verstehen, dass die Mutter einerseits ja nun ständig, wie auch die Kinder, zu Hause sei – dass sie aber immer die Tür zu ihrem Arbeitszimmer beziehungsweise Büro hinter sich schließe. Das habe sie dann sehr stark öffentlich thematisiert – nicht wegen ihres eigenen Falles, vielmehr habe sie daran gedacht, wie diese Situation sich denn in Familien auswirke, die keinen Garten hätten, und den Kindern nicht sagen könnten, nun geht mal raus.

Die Chefredakteurin der Zeitung *Die Welt*, Dagmar Rosenfeld, fasste die Unterschiede zwischen Habeck und Baerbock während dieser Zeit so zusammen: Habeck habe es an Beschäftigung und der politischen Bühne gefehlt. Er habe sich seine Bühne dann selbst etwa in Form der auf Instagram geposteten Bilder geschaffen – es sei letztlich so gewesen, dass Habeck über Habeck berichtet habe.

Bei Baerbock sei es anders gewesen, denn die habe sich mit der Frage beschäftigt, wie man in diesen Zeiten arbeiten und gleichzeitig die Kinder versorgen könne. Das habe sie zu ihrem Thema gemacht, das habe sie außerdem sehr souverän und auch sehr glaubwürdig getan.

Die Dokumentation endet aber nicht mit der Zeit des ersten Lockdowns, sie zeigt auch die Zeit der vorübergehenden Entspannung des Sommers 2020 und sie thematisiert dann auch eine besondere Entwicklung, der sich die Grünen mittlerweile stellen müssen. Lange Zeit galten die Grünen bekanntlich als eine Protestpartei, die ja gerade aus den Protestbewegungen der 60er und 70er hervorgegangen war. Inzwischen jedoch suchten die Grünen auch die Nähe zum Establishment und zur Wirtschaft, während auf der anderen Seite rund um die Fragen des Klimawandels eine neue Protestbewegung entstanden ist.

Gerade etwa im Rahmen von Fridays for Future gelten die Grünen nun aber so gar nicht mehr als radikale Umweltpartei, werden vielmehr als viel zu kompromissbereit wahrgenommen. So erklärte Leonie Brenner als Sprecherin von Fridays for Future, wenn Habeck und Baerbock die Personen seien, die bei den Grünen den größten Einfluss ausübten, dann stelle sie sich die Frage, warum sie selbst so viel der Arbeit dieser beiden übernehmen müsse.

Annalena Baerbock reagierte darauf in der Form, dass es ja fatal wäre, wenn eine Protestbewegung sich nicht radikaler als eine etablierte Partei zeigen würde.

Aber am Ende ging es in der Dokumentation dann doch wieder um die eigentliche Frage, die ja auch den Titel des Films darstellte: Kurs aufs Kanzleramt? Und es war dann wieder *Welt*-Chefredakteurin Dagmar Rosenfeld, die den treffendsten Blick in die Zukunft lieferte. Sie glaube, dass sich die Partei mehr mit einer Annalena Baerbock identifizieren könne als mit einem Robert Habeck.

Die Dokumentation endete schließlich mit einer Erklärung Reinhold Beckmanns zu der Frage Habeck oder Baerbock: Auch wenn die Entscheidung zu diesem Zeitpunkt nicht gefallen sei, stehe doch fest, dass Annalena Baerbock in den vergangenen Monaten aus dem Schatten Habecks herausgetreten sei. Wolle sie als Spitzen- und Kanzlerkandidatin der Grünen zur Bundestagswahl antreten, dann werde Robert Habeck ihr nicht im Wege stehen. Baerbock wäre dann die wohl einzige Frau im Bewerberfeld aller großen Parteien. Das wiederum würde nicht die schlechteste Ausgangsposition darstellen.

# FETTIGE NÄPFCHEN UND ANDERE STOLPERSTEINE

Des Lebens Lauf

Annalena Baerbock hat ihren politischen Aufstieg weitgehend unfallfrei absolviert. Es gab keine Skandale, auch Aufreger blieben weitgehend aus. Wobei weitgehend nicht bedeutet, dass sie tatsächlich jedem Fettnäpfchen ausweichen konnte. Dass es Diskussionen um ihr Studium gab, davon war schon die Rede. Ebenso wie davon, dass sie diese Diskussionen weitgehend unbehelligt dann auch beenden konnte.

Fast schon legendär jedoch ist inzwischen ein Fehler, der ihr im Rahmen eines Interviews unterlief. Dabei handelte es sich um ein Gespräch im Rahmen der ZDF-Reihe »Sommerinterview« aus dem Sommer 2019. Bei diesem Interview waren auch Zuschauerfragen zugelassen, und so kam dann ein junger Mann zu Wort der sich als Kolja vorstellte und angab, 14 Jahre alt zu sein. Dieser Kolja begann damit, er habe eine Frage zur Verkehrspolitik der Grünen. Warum, wollte er wissen, sei die Verkehrspolitik der Grünen so einseitig auf Elektromobilität ausgelegt? Denn die sei nach dem aktuellen Stand weder ökologisch noch langstreckentauglich. Seine Frage lautete daher, ob man nicht in der Verkehrs – und Energiepolitik mehr Technologie-Offenheit und Erfindergeist brauche. Baerbock antwortete darauf zunächst, dass sie ihm zustimme, dass man tatsächlich mehr Technologieoffenheit brauche.[107] Es habe sich aber im Hinblick auf die Automobilproduktion gezeigt, dass derzeit die Elektromobilität die Form sei, die am meisten $CO_2$ einspare, die außerdem die wirtschaftlichste Alternative darstelle. Der Wasserstoffantrieb dagegen sei aktuell noch nicht wirtschaftlich. Das könne sich allerdings mit der Zeit jedoch ändern.

Wichtig seien bei dem Thema aber auch noch die Begleiterscheinungen. In diesem Zusammenhang nun sprach Baerbock das Thema Rohstoffe an, was dann zu den Sekunden führte, die das Interview im Netz viral gehen ließen und die kübelweise Häme über Baerbock ausschütten sollten. Denn einer der wichtigen Rohstoffe war laut ihrer Antwort »Kobold« – und dabei handelt es um keinen Tippfehler, sie sagte wirklich »Kobold«. Die Frage sei, wo dieser Rohstoff eigentlich herkomme, wie er am Ende auch recycelt werden könne. Darauf müsse man Antworten finden und es gebe inzwischen tatsächlich Batterien, die auf »Kobold« verzichten können – und ja, Annalena Baerbock hat tatsächlich noch einmal »Kobold« gesagt. Gemeint war natürlich Cobalt beziehungsweise Kobalt.

Das Netz reagierte wie gesagt mit Häme – in Form unzähliger Kommentare oder auch sarkastisch formulierter Artikel. Es reichte vom Einzeiler, dass Baerbock wohl vermute, Kobalt werde unter widrigen Bedingungen von kleinen Kobolden abgebaut, bis zu umfangreichen Artikeln wie im *Focus* unter der Überschrift »Best of Baerbock: Die Grünen lösen endlich das Kobold-Problem bei Elektroautos«.[108]

Nach diesem Fehler blieb es dann eine ganze Weile ruhig im Hinblick auf Stolpersteine oder Fettnäpfchen. Doch mit der Verkündung der Kanzlerkandidatur wuchs dann auch das öffentliche Interesse an der Person Baerbock, und bei einigen Menschen zudem wohl der Wunsch, dass sie wie auch immer geartete Fehler macht.

Tatsächlich machte die Kandidatin im Mai 2021 einen Fehler, der sogar an der Glaubwürdigkeit der Person Baerbock und schließlich auch ihrer Partei rüttelte. Gemeint sind die Nebeneinkünfte, mit denen sie eine Weile die Schlagzeilen beherrschen sollte. Die Kandidatin hatte der Bundestagsverwaltung erst mit Verspätung eine Sonderzahlung in Höhe 25 220 Euro[109] gemeldet. Grundsätzlich gilt, dass Abgeordnete etwas dazuverdienen dürfen. Ab einer gewissen Höhe - 1000 Euro im Monat oder 10 000 Euro im Jahr - werden diese Einnahmen dann auf der Homepage des Bundestages angegeben. Wobei jedoch auch noch nach Stufen unterschieden wird - von Stufe 1 und 3500 Euro bis hinauf zu Stufe 10 und 250 000 Euro.

Bei den 25 220 Euro im Fall von Annalena Baerbock allerdings handelte es ich nicht um Nebeneinkünfte aus einem einzigen Jahr, vielmehr setzt sich die Summe nach Angaben einer Grünen-Sprecherin aus mehreren kleineren Zahlungen zwischen 2018 und 2020 zusammen. Demnach hatte Baerbock im November 2018 eine Sonderzahlung über 6788,60 Euro erhalten, im November 2019 seien es 9295,97 Euro gewesen und Ende 2020 dann 7635,71 Euro. Hinzugekommen sei im Dezember 2020 eine »coronabedingte Sonderzahlung« über 1500 Euro.[110]

Den Angaben der Partei zufolge erhalte Baerbock kein Gehalt als Parteivorsitzende, da sie gleichzeitig ein Bundestagsmandat habe. Denn wie jeder Bundestagsabgeordnete erhält damit auch Annalena Baerbock monatlich eine »Aufwandsentschädigung« in Höhe von 10 083,47 Euro.[111] Es sei aber durchaus üblich, so eine Grünen-Sprecherin, dass eine Politikerin wie Annalena Baerbock Sonderzahlungen erhält. Wie andere Mitarbeiter würden eben auch die Parteivorsitzenden eine Sonderzahlung zum Jahresende erhalten – sie bekommen also einfach ausgedrückt ein Weihnachtsgeld.

Schnell wurde aus Baerbocks verspätet gemeldeten Sonderzahlungen dann ein politisches Thema gekocht. So witterte der Berliner Politikwissenschaftler Oskar Niedermayer ein mögliches Glaubwürdigkeitsproblem der Grünen, außerdem würden die Grünen ja auch einen auf die Person Baerbock zentrierten Wahlkampf führen, jegliche Debatte um diese Person würde daher nicht ohne negative Folgen bleiben. Außerdem gehöre Gegenwind zu einem Wahlkampf, und solange dieser Gegenwind nicht beleidigend werde, müsse ihn eine Kanzlerkandidatin aushalten.

Vor allem aber sah Niedermayer ein Glaubwürdigkeitsproblem der Grünen als Partei entstehen: Kritisiere man andere für deren Nebeneinkünfte, melde selbst aber solche Nebeneinnahmen in beträchtlicher Höhe nicht oder zu spät, dürfe man sich über Kritik nicht wundern. Der Vorsitzende der Jungen Union wiederum wurde mit Aussagen zitiert, er halte das Verschwinden von Einnahmen für unsauber, entscheidend sei jedoch vor allem die Frage, warum es für die Grünen-Vorsitzende eine steuerfreie Corona-Zahlung gegeben habe.[112]

Natürlich trat vor dem Hintergrund all dieser Kritik schließlich auch Annalena Baerbock vor die Kameras, und wurde nahezu umgehend damit konfrontiert, dass man ihr Scheinheiligkeit und Doppelmoral vorwerfe. Sie betonte daraufhin, dass sie als Parteivorsitzende kein Gehalt bekomme. Was sie erhalte, das sei ein Weihnachtsgeld, das sie auch immer voll versteuert habe. Bedauerlicherweise hätte sie jedoch »damals nicht auf dem Schirm gehabt«, dass sie dieses Geld außerdem der Bundestagsverwaltung hätte melden müssen.[113] Darüber ärgere sie sich selbst am meisten, weil das eben ein Fehler war. Als dieser Fehler ihr jedoch schließlich aufgefallen sei, habe sie die Einkünfte unverzüglich nachgemeldet. Es handle sich außerdem, betonte Baerbock, nicht um Zahlungen von Dritten, sondern eben um das Weihnachtsgeld ihrer Partei.

Daraufhin wurde nun die Frage gestellt, ob Baerbock befürchte, durch diesen Fall könnte ihre Beliebtheit sinken – eine gewisse Tendenz sei in den Umfragen beziehungsweise dem Politbarometer des ZDF bereits zu erkennen. Baerbock, mittlerweile mit dem politischen Geschäft mehr als vertraut, antwortete darauf nicht direkt, sie betonte vielmehr die Wichtigkeit der Transparenz. Daher sei auch die Veröffentlichung der Zahlungen von Dritten an Politiker so wichtig, und genau dafür machten sich die Grünen im Bundestag auch stark.

Dieses Statement war kurz und knapp, aber damit waren die Grünen und auch Annalena Baerbock noch nicht durch mit dem Thema. Das Statement hatte sie am 21. Mai 2021 abgegeben, am 27. Mai dann saß sie in der Sendung von Sandra Maischberger und musste sich erneut zu dem Thema befragen lassen.[114] Die Moderatorin begann nun damit, dass sie Baerbock auf eine ihrer eigenen Aussagen ansprach. Die habe gesagt, das Vertrauen in den Parlamentarismus sei gefährdet. Diese Aussage stamme vom 9. März, am 30. März habe sie dann ihre Sonderzahlungen nachgemeldet. Wie sehr, wollte Maischberger nun wissen, gefährde das den Parlamentarismus und wie groß sei der Schaden für die Politik?

Annalena Baerbock betonte erneut, wie sehr sie selbst sich über ihren Fehler geärgert habe. Dann erläuterte sie ebenfalls erneut, es habe sich um Weihnachtsgeld und nicht um Geld von Dritten gehandelt. Nun jedoch konnte sie sich einen Hinweis auf andere Parteien nicht verkneifen: Es habe sich also um einen Fall gehandelt, der anders gelagert sei, als etwa bei den Maskengeschäften – solche Fälle hatten während der Coronakrise in den vergangenen Monaten vor allem Politiker anderer Parteien ins Gerede gebracht. Noch einmal erklärte sie, sie habe die Zahlungen umgehend nachgemeldet, als ihr der Fehler aufgefallen sei.

Doch auch damit war das Thema noch nicht erledigt, denn nun wies Sandra Maischberger darauf hin, dass der Vorstand der Grünen die Zahlungen des Weihnachtsgeldes beschlossen habe – dass also im Grunde Baerbock selbst sich und anderen die Gelder genehmigt habe. Worauf die Angesprochene einmal mehr betonte, die Grünen würden ihren Vorsitzenden kein Gehalt zahlen, sie würden auch kein Geld für Vorträge erhalten.

Letztlich änderte das Gespräch in der Talkshow nichts an der Sache. Annalena Baerbock gestand schließlich noch ein, sie hätte rückblickend vielleicht etwas anders mit dem Thema umgehen können oder sollen, hätte eventuell eine Pressemitteilung veröffentlichen oder sich auf den Kanälen der sozialen Medien zur Sache äußern können. Nur sei man im Nachhinein immer schlauer.

Bei allem, was man Annalena Baerbock nun vorwerfen möchte oder kann, sollte man sich jedoch einiger Fakten bewusst sein: Nach den Ermittlungen von abgeordnetenwatch.de verdienten etwa im Jahr 2019 nicht weniger als 28,5 Prozent der Abgeordneten Geld nebenher. Und zwar nicht nur in Form von Weihnachtsgeld, sondern vor allem durch Gelder Dritter – für gehaltene Vorträge oder andere Leistungen. So wurde der ehemalige Vizekanzler und damals noch SPD-Abgeordnete Sigmar Gabriel mit Einkünften durch publizistische Tätigkeiten in Höhe von 15 000 bis 30 000 Euro genannt – und zwar nicht insgesamt, sondern monatlich. Der CDU-Abgeordnete Rüdiger Kurse kam als Geschäftsführer der Schutzgemeinschaft Deutscher Wald immerhin noch auf 7 000 bis 15 000 Euro im Monat.[115] Außerdem lag der Anteil der Dazu-Verdiener unter den Abgeordneten bei der FDP bei üppigen 53 Prozent, bei der CSU waren es 46 Prozent – das Schlusslicht bildete die Fraktion der Grünen mit gerade einmal 15 Prozent.

Doch nicht jede Kritik, die Annalena Baerbock erntete, kam für sie gänzlich unerwartet. Es gab vielmehr auch Punkte beziehungsweise Themen, bei denen sie sich bewusst öffentlicher Kritik aussetzte – weil sie sich darüber im Klaren war, dass diese Kritik von der »richtigen« Seite kommen würde. Das trifft etwa auf ein Interview mit ihr zu, das die *Bild am Sonntag* im Mai 2021 veröffentlichte, und aus dem die Medien dann einmal mehr genüsslich zitierten.[116]

In diesem Gespräch ging es unter anderem um ihre Pläne im Falle einer Kanzlerschaft, es ging um den Spitzensteuersatz und es ging um das Klima vor allem im Zusammenhang mit dem Flugverkehr. Die Aussage, die dabei vor allem für Schlagzeilen sorgen sollte, betraf die Kurzstreckenflüge, denn die wolle sie letztlich abschaffen. Zudem solle es auch keine Billigflüge mehr geben. Warum sie so etwas plane, das erklärte sie dann auch ausführlich. So könne es laut Baerbock nicht angehen, dass der Flugzeug-Treibstoff Kerosin subventioniert werde, während Fernfahrten mit der Bahn gerade während der sogenannten Stoßzeiten teuer seien. Eine Familie sollte mit der Bahn billiger reisen können, als wenn sie die entsprechende Strecke mit dem Flugzeug absolviere. Auch Billigst-Flugreisen wie etwa einen Mallorca-Trip für gerade einmal 29 Euro solle es dann nicht mehr geben. Jeder solle laut Baerbock Urlaub machen können, wo er es wolle. Eine klimagerechte Besteuerung von Flügen würde jedoch solche Dumpingpreise unmöglich machen. Während Klima-Aktivisten und Umweltschützer zustimmend nickten, gab es für die Pläne dann natürlich auch Kritik, aber eben eine nicht unerwartete Kritik.[117]

Diese Kritik kam vor allem aus den Reihen der Union und aus denen der FDP. So erklärte Ulrich Lange als stellvertretender Fraktionsvorsitzender der CDU/CSU im Bundestag gegenüber dem RedaktionsNetzwerk Deutschland (RND), dass es unsozial wäre, den Urlaubsflug zu einem Privileg der Wohlhabenden zu machen.[118] Solche Reisen müssten auch in Zukunft für jeden finanzierbar bleiben. Als Alternative nannte er die Nutzung von $CO_2$-armem Flugzeugtreibstoff, also »grünem Kerosin«. So ließen sich nach Meinung des CSU-Mannes große Mengen an $CO_2$ im Flugverkehr einsparen.

Bei der FDP dagegen hielt man sich gar nicht erst mit solchen Details auf, sondern ging in Sachen Kritik gleich in die Vollen. Hier ging in erster Linie der Parlamentarische Geschäftsführer Marco Buschmann in die Offensive und antwortete auf Baerbocks Pläne in der Form, dass er diese als klassisches Beispiel für den »Verbotsfetisch« der Grünen bezeichnete.[119] Verbote seien die einfallsloseste Form der Klimapolitik. Mit immer neuen Verboten würde man nicht das Klima retten, sondern vor allem die Menschen verärgern, weil alles immer teurer und unfreier werde. Man wolle, so Buschmann, kein Mikro-Management des täglichen Lebens durch Frau Baerbock. Wie gesagt kam solche Kritik sicher nicht unerwartet, war vielmehr wohl sogar eingeplant, als im Rahmen des Interviews die entsprechenden Bereiche angesprochen wurden.

Wenig später jedoch kam es zu einem weiteren ungeplanten Zwischenfall in Form von Fettnäpfchen und Stolpersteinen. Einmal mehr wurde der Lebenslauf Baerbocks zum Thema, so wie schon in der Vergangenheit und einem früheren Kapitel beschrieben im Zusammenhang mit ihrem Studium und den entsprechenden

Abschlüssen. Nun wurden zeitnah zu der Landtagswahl in Sachsen-Anhalt im Juni 2021 erneut Unklarheiten in besagtem Lebenslauf entdeckt. Und das ist nichts, das als unvermeidliche Hürde in Annalena Baerbocks Weg stand, diese Hürde war vielmehr selbst gemacht und letztlich das Ergebnis von etwas, das sich kaum anders als mit dem Begriff Schlampigkeit umschreiben lässt.

Es begann damit, dass Berichte über falsche Angaben im Lebenslauf der Kandidatin aufgetaucht waren. Dass es sich dabei nicht um haltlose Vorwürfe handelte, das wurde schnell klar, als Annalena Baerbock und ihr Team erklärten, sie hätten nun einige Punkte »angepasst«. Dabei ging es vor allem um das Thema der Mitgliedschaften Baerbocks in Organisationen. Die Vorwürfe bezogen sich vor allem auf die Behauptung, die Kandidatin sei in den entsprechenden Organisationen Mitglied. Das betraf etwa die Transatlantik-Stiftung German Marshall Fund und das UN-Flüchtlingshilfswerk UNCHR.[120]

Nach den besagten »Anpassungen« wurde der Bereich der »Mitgliedschaften« in dem Online-Lebenslauf ersetzt durch die Überschrift »Beiräte, (Förder-)Mitgliedschaften, regelmäßige Unterstützung«. Im Einzelnen wurde darunter nun ein Förderprogramm des German Marshall Fund genannt, die UN-Flüchtlingshilfe wurde als deutscher Partner des UNHCR präzisiert. An anderer Stelle gingen die Änderungen noch weiter, etwa in Bezug auf die Heinrich-Böll-Stiftung und deren Europa-Transatlantik-Beirat – hier war nach den Anpassungen zu lesen, Annalena Baerbock sei inzwischen ausgeschieden.

Die Änderungen wurden aber nicht einfach kommentarlos vorgenommen, vielmehr gab ein Sprecher der Partei dann auch noch zusätzliche Erklärungen ab. Demnach habe Annalena Baerbock im Jahr 2011 ein sogenanntes Fellowship-Programm des German Marshall Fund absolviert, sie spende außerdem seit 2013 regelmäßig an die UN-Flüchtlingshilfe.

Das aber war noch nicht alles. Denn Fragen tauchten auch in Bezug auf Annalenas Baerbocks Arbeit mit beziehungsweise für die Europaabgeordnete Elisabeth Schroedter auf. In der zu diesem Zeitpunkt veröffentlichten Version ihres Lebenslaufes hatte Baerbock geschrieben, sie sei von 2005 bis 2008 deren Büroleiterin gewesen. Auf den archivierten Webseiten der Abgeordneten Schroedter allerdings las sich das etwas anders.[121] Dort wurde die Mitarbeiterin nur als »technisch und inhaltlich verantwortlich für die Homepage« beschrieben. Was nicht wirklich identisch mit einer Büroleitung ist.

Kaum waren diese Zweifel an Baerbocks Darstellung öffentlich, meldete sich erneut eine Sprecherin der Grünen zu Wort: Annalena Baerbock sei während des angegebenen Zeitraumes die meiste Zeit als Büroleiterin aktiv gewesen. Als Mitarbeiterin sei sie dann im Herbst 2005 eingestellt worden, habe daraufhin bald auch Büroleitungstätigkeiten übernommen und sei schließlich zum Ende des Jahres 2006 offiziell Büroleiterin geworden.

So weit, so geändert, doch auch das war es dann noch nicht. Denn laut der Zeitung *Welt* habe Baerbocks Lebenslauf ebenfalls behauptet, sie hätte für Schroedter von 2005 bis 2008 in Brüssel gearbeitet. Schroedters Webseiten dagegen würden festhalten, Annalena Baerbock habe bis 2007 Büros in Berlin und Potsdam geleitet, sei dann Ansprechpartnerin in Brüssel und Straßburg gewesen.[122] Auch diese Angaben wurden schließlich angepasst beziehungsweise korrigiert - und gekürzt. Die nun veröffentlichte Fassung besagte lediglich, Baerbock sei zwischen 2005 und 2008 Schroedters Büroleiterin gewesen, ein Einsatz beziehungsweise Standort ist nun nicht mehr zu finden.[123]

Das alles war letztlich keine große Sache, doch es führte zu manchem Kopfschütteln. Und zwar nicht nur von ausgewiesenen Gegnern der Grünen und deren Kanzlerkandidatin. Sondern auch von Institutionen beziehungsweise Medien, die eben diesen Grünen traditionell sehr nahe stehen - das gilt nicht zuletzt für die *taz.* Auch dort beschäftigte man sich mit den Ungenauigkeiten und man veröffentlichte einen umfangreichen Artikel zum Thema unter der Überschrift »Hochgradig unprofessionell«.[124]

Darin hieß es dann, das Geschehene sei eben hochgradig unprofessionell, und man stellte dazu noch die Frage, was sich denn das Wahlkampfteam der Grünen eigentlich gedacht habe. Natürlich könne man sagen, wie fies es sei, dass die politischen Gegner den Lebenslauf auseinandernähmen, dass das alles letztlich nur niederträchtig und frauenfeindlich sei. Die Tatsachen sähen jedoch so aus, dass besagter Lebenslauf eben ungenaue Angaben enthalten habe. Wäre das nicht der Fall gewesen, hätte ihn schließlich die eigene Partei nicht mehrfach korrigieren müssen. Das habe nicht nur die Studienabschlüsse betroffen, es sei eben auch um etwaige Mitgliedschaften der Kandidatin gegangen – auch diese Angaben habe man dann »mit Dank für die Hinweise« berichtigt, man habe sie berichtigen müssen.

Das alles sei nicht weniger als eine peinliche Fehlerserie. Und es sei eben auch hochgradig unprofessionell, dass die Partei die Angaben ihrer Kandidatin nicht auf Herz und Nieren geprüft habe. Was sich das Wahlkampfteam dabei denn wohl gedacht habe, fragte die *taz* an dieser Stelle noch einmal in dem Artikel. Es sei schließlich nicht davon auszugehen, dass die politische Konkurrenz mit Wattebäuschchen wirft. Es könne auch nicht erwartet werden, dass Journalisten auf ihre Recherchen verzichteten. Und man könne sicher auch nicht davon ausgehen, dass Boulevardmedien die mögliche künftige Kanzlerin schonen würden, weil die ja so eine nette Frau sei. Wer erstmals eine Kanzlerkandidatin aufstelle, müsse einfach damit rechnen, dass kein Stein auf dem anderen bleibe.

Mit all dem hatte die *taz* wie auch andere Kritiker zweifelsfrei recht. Doch am Ende hatten diese Fettnäpfchen zum Ergebnis, dass außer einigen Ungenauigkeiten keine wirklichen Skandale entdeckt wurden. Und es hatte das Ergebnis, dass der öffentliche Lebenslauf der Annalena Baerbock inzwischen wohl über jeden Zweifel erhaben ist – oder es zumindest sein sollte.

# (UM-)FRAGEN ÜBER (UM-)FRAGEN

Grün? Kanzlerin? Wieso?

Die Diskussion über den Lebenslauf dämpfte zuletzt bei der Landtagswahl in Sachsen-Anhalt den Aufwärtstrend der Grünen ein wenig, und auch die Beliebtheit der Person Annalena Baerbock bekam einen Dämpfer, allerdings nur einen kleinen.

Reden wir jedoch über die Kanzlerkandidatin Baerbock, dann müssen wir uns auch die Frage stellen, warum wir eigentlich über die Kanzlerkandidatin Baerbock reden und wie es dazu kommen konnte, dass wir darüber reden. Denn in der Vergangenheit waren gerade die Grünen immer eine Partei, die mal die Fünf-Prozent-Hürde nahm, die aber auch wieder an dieser Hürde scheiterte. Niemand wäre noch vor wenigen Jahren – oder etwa bei der bisher letzten Bundestagswahl – auf den Gedanken gekommen, die Grünen würden eine Kanzlerin oder einen Kanzler stellen. Es war bisher schon ein Erfolg, wenn es für eine Regierungskoalition reichte, in der die Grünen ein paar Ministerposten und vielleicht auch einen Vizekanzler stellen konnten.

Doch gerade in den vier Jahren seit der letzten Bundestagswahl hat sich die Welt entscheidend verändert. Konnten damals noch einst große Volksparteien wie die CDU/CSU und die SPD trotz bemerkenswerter Verluste zusammen immerhin gut 50 Prozent der Wählerstimmen hinter sich vereinen, brachten etwa die Grünen mit ihren Themen wie Klimaschutz gerade einmal 8,9 Prozent der Wählerinnen und Wähler dazu, ihnen ihre Stimme zu geben.

Doch das änderte sich nach dieser Wahl dann drastisch. Kaum waren die Wahlzettel ausgezählt, und die Koalitionsverhandlungen für die neue Regierung abgeschlossen, trat ein damals 15-jähriges Mädchen in das Licht der Öffentlichkeit und wurde zu einem weltweiten Phänomen. Dieses Mädchen ist Greta Thunberg, und dass man zu der kaum noch etwas sagen muss, das ist letztlich der Beweis dafür, was diese Greta in den wenigen Jahren seit ihrem ersten Auftreten in der Öffentlichkeit erreicht hat.

Es begann unter anderem damit, dass Thunberg der politischen Welt beim UN-Klimagipfel in Kattowitz im Jahr 2018 den Spiegel vorhielt,[125] und sie dann auf der ganzen Welt Millionen vor allem junger Menschen dazu brachte, für den Schutz des Klimas auf die Straße zu gehen – die neue Protestbewegung Fridays for Future war geboren.[126]

Das führte letztlich dazu, dass nicht nur die junge, sondern durch die ständige Berichterstattung letztlich alle Generationen über den Klimaschutz diskutierten. Für eine Partei wie Bündnis 90/Die Grünen stellte dies wiederum so etwas wie ein unerwartetes Geschenk dar. Mit ihren langjährigen Themen schienen sie nun plötzlich im Zeitgeist angekommen – es schien nicht nur, es war auch tatsächlich so. Und als wäre ein Geschenk nicht genug, erhielten die Grünen in dieser Zeit noch ein zweites Geschenk in Form der Person Robert Habeck. Denn der wurde durch seine nahbar erscheinende Persönlichkeit und ein Aussehen, das sich von den typischen Politikern abhob, zu einer Art Posterboy der Grünen. Dass dieser Posterboy dann wiederum in den Hintergrund trat, um einer Frau und damit Annalena Baerbock den Vortritt zu lassen, tat ein Übriges dazu, dass sich die Grünen in einer völlig neuen Position wiederfanden – nämlich als die Partei, die es zu schlagen gilt.

Wie die politische Lage im Land inzwischen aussah, das zeigten regelmäßig Umfragen, die schließlich etwa das ZDF in seinem Politbarometer zusammenfasste.[127] Im Mai 2021 kamen die Unionsparteien demnach auf zusammen 24 Prozent – was einen historischen Tiefststand darstellte. Die SPD dümpelte bei 14 Prozent herum, AfD und FDP kamen auf jeweils etwa elf Prozent der Wählerstimmen. Und die langjährige Um-Die-Fünf-Prozent-Partei Die Grünen? Die hatten der Fünf inzwischen noch eine 20 hinzugefügt, lagen somit bei 25 Prozent und damit vor der CDU/CSU – so etwas wäre vor vier Jahren noch völlig undenkbar gewesen, eine entsprechende Prognose wäre als Hirngespinst abgetan worden. Doch inzwischen waren diese 25 Prozent Realität, und sie stellten sogar eine kleine Delle in der Wählerbeliebtheit dar – gegenüber dem vorherigen Wahlbarometer hatten die Grünen ein Prozent verloren.

Auch die Persönlichkeiten der Grünen hatten sich inzwischen durchgesetzt. So kürt das Ranking immer auch die zehn beliebtesten Politiker des Landes – immerhin drei davon gehörten im Mai den Grünen an. Am beliebtesten war im Frühjahr Kanzlerin Merkel, schon auf dem zweiten Platz folgte jedoch der grüne Ministerpräsident Winfried Kretschmann vor CSU-Chef Markus Söder. Auf dem vierten Platz ging es gleich grün weiter: Allerdings fand sich hier der weiterhin beliebte Robert Habeck, vor SPD-Kandidat Olaf Scholz – Annalena Baerbock folgte danach auf dem sechsten Platz.

Ein weiteres Thema des Politbarometers bestand in der Frage, wen denn die Wähler als nächste Kanzlerin oder nächsten Kanzler bevorzugten. Die Überraschung in diesem Zusammenhang bestand jedoch nicht darin, dass CDU-Kandidat Laschet vorn lag und dass die Grüne Baerbock Zustimmung verloren hatte. Die eigentliche Überraschung war vielmehr, dass die Grüne überhaupt auf Augenhöhe mit Laschet lag – 46 Prozent stimmten für Laschet, aber immerhin noch 42 Prozent für Annalena Baerbock. Und jeder, der einmal die Umfragen vor einer Wahl beobachtet hat, weiß auch, dass sich die Verhältnisse bis hin zur eigentlichen Wahl noch mehrfach verändern können.

Was dann zur Frage führt, mit wem die Grünen und ihre mögliche Kanzlerin denn eigentlich regieren würden, wenn sie die Regierung bilden könnten. Annalena Baerbock hat die Antwort auf diese Frage immer wieder weitgehend offengelassen. Im Falle eines Falles wolle man »alle demokratischen Parteien« zu Gesprächen einladen. Wobei mit alle jedoch nicht wirklich alle Parteien gemeint waren – denn eine Zusammenarbeit mit der AfD schlossen die Grünen und damit auch Baerbock immer wieder kategorisch aus. Am Ende aber komme es bei den Koalitionsverhandlungen laut Baerbock vor allem darauf an, bei welcher Partei sich die größten Schnittmengen mit dem Programm der Grünen fänden.[128] Für Annalena Baerbock kommt es in diesem Zusammenhang neben dem Klimaschutz vor allem auf soziale Fragen und auch eine gemeinsame europäische Außenpolitik an.

# SCHLUSSWORT: LENCHEN, DIE KANZLERIN?

Kein grüner Land

Macht verändert Menschen, heißt es immer wieder – und immer wieder zeigen Menschen auch, dass es sich dabei um einen Fakt handelt. So gibt es nur wenige Politiker, bei denen man sich als außenstehende Person wirklich vorstellen kann, wie diese sich verhalten haben, als sie noch nicht im Getriebe der Politik zermahlen wurden.

Spiegel-Redakteur Malte-Müller Michaelis schrieb in seinen Erinnerungen an die gemeinsame Studienzeit mit Annalena Baerbock jedoch, dass er »keine wesentlichen Unterschiede« zu der Zeit an der Uni feststellen kann, wenn er die einstige Kommilitonin heute im Fernsehen beobachte.[129] Klar, die Haare seien etwas kürzer, die Kleidung erwachsener. Auch rede sie nicht mehr so schnell wie einst, habe sich vielmehr den typischen »Politikerinnenduktus« angeeignet, mit dem sie immer gleiche Botschaften in dauernde Wiederholungen kleide. Ihm fehle in der öffentlichen Wahrnehmung jedoch, dass sich die Annalena Baerbock, die er kannte, nicht zuletzt durch eine gewisse Rotzigkeit und auch einen Humor ausgezeichnet habe, der mal hintergründig mal platt ausgefallen sei. Aber es wäre in ihrer Position sicher auch etwas unangebracht, würde sie ständig mit liebevollen Beleidigungen um sich werfen. Außerdem habe sie während des Studiums eben nicht professionell wirken müssen, wie es heute ja von einer Politikerin wie ihr verlangt wird. Immerhin aber sind laut Müller-Michaelis der Tonfall ebenso wie die Sprachmelodie und auch das Lachen noch so, wie er diese vor langer Zeit kennengelernt habe.

Die Erinnerungen des Spiegel-Redakteurs umfassen aber noch einen ganz anderen und schon in einem früheren Kapitel erwähnten Punkt, der im Zusammenhang mit der aktuellen Situation sicher erwähnenswert sind. Gemeint ist der Umstand, dass die Studenten damals in einer Arbeitsgruppe an der Frage arbeiteten, wie sehr denn das Wahlverhalten in Deutschland von den führenden politischen Persönlichkeiten abhänge. Dabei habe ein Kommilitone behauptet, die Grünen hätten ihre Regierungsbeteiligung unter Kanzler Schröder vor allem der Persönlichkeit und Beliebtheit eines Joschka Fischer zu verdanken gehabt. Annalena Baerbock hätte dem jedoch vehement widersprochen – sie glaubte fest daran, das richtige Parteiprogramm zur richtigen Zeit habe die Menschen überzeugt, den Grünen ihre Stimme zu geben.

Was wiederum auch ein Indiz ist, warum sich in Annalena Baerbocks Lebenslauf immer wieder auch Ungenauigkeiten gefunden haben: Weil es ihr eben nicht um vergangene Abschlüsse und Tätigkeiten geht, sondern weil ihr Fokus auf dem Hier und Jetzt liegt. Eine Annalena Baerbock will Wähler nicht damit überzeugen, dass sie im Jahr x an der Universität y den Abschluss z gemacht hat. Sie will mit ihrem Programm überzeugen, das im Hier und heute einen Weg in die Zukunft weisen soll.

Was zum Schluss nun zu der Frage führt, wie diese Zukunft in Deutschland unter einer grünen Kanzlerin Baerbock aussehen würde. Die beruhigte in diesem Zusammenhang etwaige Bedenkenträger unter anderem mit der Aussage, man wolle im Falle eines Wahlgewinns nicht alles ändern.[130] Auch Robert Habeck versicherte immer wieder, man wolle nicht an den Grundpfeilern der Republik rütteln, Deutschland werde Mitglied der Nato bleiben, auch an dem Status einer Industrienation wolle man nichts ändern.

Gleichwohl jedoch, so Baerbock, finde sich die Welt und damit eben auch Deutschland in einer Umbruchsituation. Diese Situation sei in gewissem Maße zu vergleichen mit den Umbrüchen nach dem Ende des Zweiten Weltkriegs oder der Wiedervereinigung. Das Land befinde sich nun erneut an einer solchen »Weggabelung«, und es gehe nun darum, das bestehende System auf die Zukunft auszurichten. Die soziale Marktwirtschaft solle zu einer sozialökologischen werden. Für sie und ihre Partei stehe das Thema Klima im Vordergrund, bei den anstehenden Veränderungen aber solle es sozial gerecht zugehen. Die Pläne der Grünen erfordern dabei Maßnahmen in verschiedenen Bereichen, die aber schließlich ineinandergreifen sollen. Die erneuerbaren Energien müssten ausgebaut werden, den Verkehr will man neu organisieren, und die $CO_2$-Preise müssten steigen. Weil gerade der letzte Punkt aber unter anderem auch höhere Heizkosten bedeutet, soll es einen staatlich finanzierten Ausgleich geben.

Es soll sich unter der grünen Kanzlerin aber auch noch etwas ändern, das in der Öffentlichkeit bislang kaum wahrgenommen wurde. Denn ein neues Handy zu kaufen und das alte einfach wegzuwerfen oder in die Schublade zu legen, das soll bald Vergangenheit sein – ein Pfand auf Handys soll garantieren, dass alte Geräte auch wirklich recycelt werden.

Letztlich aber bleibt nur die Frage, ob wirklich der Tag kommt, an dem Annalena Baerbock als Kanzlerin an ein Rednerpult tritt, wie üblich in solchen Situationen zu einem bereitstehenden Glas Wasser greift, einen Schluck daraus trinkt, und ihre Rede einmal mehr mit den Worten »Schönen guten Tag!« beginnt.

# ÜBER DIE AUTORIN

Anita Partanen hat Klima- und Umweltwissenschaften studiert und berichtet als freie Wissenschaftsjournalistin über das Bündnis 90/Die Grünen. Den Aufstieg Annalena Baerbocks beobachtet sie, seitdem Baerbock 2009 erstmals als Direktkandidatin der Partei für den Bundestag kandidierte. Im riva Verlag ist 2019 ihr Buch *Greta* erschienen.

# QUELLENANGABEN

Die Quellen wurden im Juni 2021 abgerufen. Es ist durchaus möglich, dass sich Inhalte seitdem verändert haben.


1 https://www.youtube.com/watch?v=rKnpdBRvziA

2 https://annalena-baerbock.de/lebenslauf-und-fotos/

3 https://www.gruene.de/unsere-gruene-geschichte

4 https://www.mitwelt.org/europawahl-bauplatzbesetzung-marckolsheim.html

5 https://www.landesarchiv-bw.de/media/full/69706

6 https://www.nomos-elibrary.de/10.5771/0040-117X-2019-4-297/die-saubere-atombombe-die-bedeutung-der-neutronenwaffe-als-projektions-aeche-im-kalten-krieg-the-clean-atomic-bomb-the-signi-cance-of-neutron-wea-ponry-as-a-projection-screen-during-the-cold-war-jahrgang-86-2019-heft-4

7 https://www.hdg.de/lemo/biografie/petra-kelly.html

8 https://www.deutschlandfunk.de/tod-von-petra-kelly-und-gert-bastian-zwei-leichen-viele.724.de.html?dram:article_id=397217

9 https://www.wahlen-in-deutschland.de/bluBremen.htm

10 https://www.gruene.de/artikel/gruene-grundsatzprogramm-1980-1993-und-2002

11 https://www.hdg.de/lemo/kapitel/geteiltes-deutschland-krisenmanagement/bundesrepublik-im-umbruch/bundestagswahl-1980.html

12 https://www1.wdr.de/stichtag/stichtag7844.html

13 http://dip21.bundestag.de/dip21/btp/10/10036.pdf

14 https://www.24hamburg.de/hamburg/kanzlerkandidaten-der-gruenen-baerbock-vom-nobody-zum-shootingstar-90464139.html

15 https://www.sueddeutsche.de/politik/profil-alles-nur-kein-gruenzeug-1.3785899

16 https://www.nordbayern.de/politik/annalena-baerbock-die-mit-den-grunen-tanzt-1.11012834

17 *Stern*, Nr. 17, 22. April 2021, S. 27.

18 https://www.dewezet.de/startseite_artikel,-den-suesslichen-geruch-noch-in-der-nase-_arid,689727.html

19 https://www.youtube.com/watch?v=XXRnz30Ke7c

20 https://archive.ph/20130125060847/http://www.gulli.com/news/14583-wie-viele-wasserwerfer-braucht-eine-demokratie-2010-10-26

21 https://www.bi-luechow-dannenberg.de/kontakt/unser-widerstand/chronologie-des-widerstandes/

22 https://www.bundestag.de/dokumente/textarchiv/2014/kw49_wege_politik_baerbock-343548

23 https://www.bundestag.de/dokumente/textarchiv/2014/kw49_wege_politik_baerbock-343548

24 https://www.rnd.de/politik/annalena-baerbock-hier-hat-die-kanzlerkandidatin-der-grunen-ihre-wurzeln-ZSQU5ZF7RZGOZBSWGZI3UABMIQ.html

25 https://www.rtl.de/cms/wickert-trifft-annalena-baerbock-4640159.html

26 https://www.haz.de/Hannover/Aus-der-Stadt/Annalena-Baerbock-und-Hannover-Die-gruene-Kanzlerkandidatin-aus-Pattensen

27 *Der Spiegel*, Nr. 17, 24. April 2021, S. 20/22.

28 https://www.songtexte.com/songtext/anouk/nobodys-wife-bdd6d66.html

29 https://www.deutschlandfunk.de/kandidatin-fuer-den-parteivorsitz-der-gruenen-ich-bin.868.de.html?dram:article_id=408793

30 http://archiv.elisabeth-schroedter.de/persoenliches/index.html

31 https://www.gbk-brandenburg.de/wir-ueber-uns/

32 http://archiv.elisabeth-schroedter.de/downloads/bericht_lettland_2002.pdf

33 https://www.lpb-bw.de/eu-osterweiterung

34 https://www.rtl.de/cms/wickert-trifft-annalena-baerbock-4640159.html

35 https://www.youtube.com/watch?v=mWKJ9x2Iba4

36 http://seelowerhoehen.de/cms/

37 https://www.t-online.de/nachrichten/wissen/geschichte/id_87707568/schlacht-um-die-seelower-hoehen-1945-kein-schlachtfeld-sondern-ein-schlachthof-.html

38 https://www.welt.de/politik/deutschland/article230517165/Annalena-Baerbock-bei-Pro7-Braucht-man-da-Eier-oder-Eierstoecke.html

39 *Stern*, Nr. 17, 22. April 2021, S. 28.

40 *Der Spiegel*, Nr. 17, 24. April 2021, S. 22.

41 https://www.amazon.de/B%C3%BCndnis-Fall-Geschichte-Perspektiven-B%C3%BCndnis-90/dp/3861087960

42 https://www.bundeswahlleiter.de/bundestagswahlen/1994.html

43 https://www.n-tv.de/politik/Tabubruch-in-Turnschuhen-article2123521.html

44 https://www.hdg.de/lemo/kapitel/deutsche-einheit/baustelle-deutsche-einheit/bundestagswahl-1998.html

45 https://www.bundestag.de/dokumente/textarchiv/irak-konflikt-205952

46 https://www.bundeswahlleiter.de/bundestagswahlen/2002.html

47 https://www.youtube.com/watch?v=hS3Vw-H_hCA

48 https://www.hdg.de/lemo/biografie/joschka-fischer.html

49 https://www.sueddeutsche.de/leben/leute-baerbock-ehemann-kuemmert-sich-bei-wahlsieg-um-die-kinder-dpa.urn-newsml-dpa-com-20090101-210516-99-614357

50 https://olaf-scholz.spd.de/ueber-mich/

51 https://www.stadtradio-goettingen.de/beitraege/serien/gesichter_der_region/gesichter_der_region_ulrich_holefleisch__buergermeister_der_stadt_goettingen/

52 https://be.linkedin.com/in/felix-holefleisch-674a5a45

53 http://www.e-business-unternehmensberatung.com/blog/beratung-verzeichnis/unternehmensberatungen/unternehmensberatung-berlin/politikfabrik-studentische-agentur-fuer-politische-kommunikation-berlin/

54 https://www.deutschlandfunk.de/politikfabrik-aktionen-gegen-die-politikverdrossenheit.680.de.html?dram:article_id=31799

55 https://rp-online.de/politik/deutschland/berlin/der-kloppo-der-gruenen_aid-13192419

56 https://www.n-tv.de/politik/Gruene-bleiben-drei-Tage-wach-article11406276.html

57 https://www.youtube.com/watch?v=H3XmywOlSwY

58 https://www.politik-kommunikation.de/personalwechsel/holefleisch-managt-public-affairs-bei-der-deutsche-post-dhl-group-17888639

59 http://digital-public-affairs.de/politikkontaktarbeit/

60 *Der Spiegel*, Nr. 17, 24. April 2021, S. 22.

61 https://www.rnd.de/politik/debatte-um-die-studienleistungen-von-annalena-baerbock-das-sind-die-fakten-GGBDQH76CVDVLJLVAWPSZ44RKM.html

62 https://www.tagesspiegel.de/politik/reaktion-auf-falschmeldungen-im-netz-annalena-baerbock-legt-akademische-zeugnisse-vor/27180342.html

63 https://annalena-baerbock.de/wp-content/uploads/2021/05/CV_deutsch_2021_05-1.pdf

64 https://www.rnd.de/politik/debatte-um-die-studien-leistungen-von-annalena-baerbock-das-sind-die-fakten-GGBDQH76CVDVLJLVAWPSZ44RKM.html

65 https://www.boell.de/de/node/35793

66 https://twitter.com/GruenSprecher/status/1392057527307751427?ref_src=twsrc%5Etfw%7Ctwcamp%5Etweetembed%7Ctwterm%5E1392057544034619396%7Ctwgr%5E%7Ctwcon%5Es2_&ref_url=https%3A%2F%2Fd-2961881293895300604.ampproject.net%2F2105150310000%2Fframe.html

67 https://www.tagesspiegel.de/politik/annalena-baerbock-gruene/8957572.html

68 https://annalena-baerbock.de/2014/11/28/portraet_bundestag/

69 https://cms.gruene.de/uploads/documents/BAG-Statut.pdf

70 https://www.bpb.de/politik/hintergrund-aktuell/69519/menschenrechte-09-12-2008

71 https://www.youtube.com/watch?v=7niigK_F1Bg

72 https://www.bundestag.de/abgeordnete/biografien/B/-baerbock_annalena-518092

73 https://www.tagesschau.de/wahl/archiv/2009-09-27-LT-DE-BB/

74 https://annalena-baerbock.de/2014/11/28/portraet_bundestag/

75 https://www.gruene-frankfurt-oder.de/wahlen/wahlarchiv/wahlen-2009/

76 https://gruene-brandenburg.de/ueber-uns/vor-ort/single-news/article/bundestagswahl_2013_wahltourauftakt_in_potsdam_mit_trittin/

77 https://annalena-baerbock.de/2014/11/28/portraet_bundestag/

78 https://www.potsdam.de/sites/default/files/documents/stat_info_4_2013_online.pdf

79 https://annalena-baerbock.de/2013/11/28/rede20131128/

80 https://www.youtube.com/watch?v=u6YG428nhyY

81 https://www.sueddeutsche.de/wissen/klimakonferenz-in-warschau-traenen-ersticken-die-philippinische-stimme-1.1816219

82 https://www.dwd.de/DE/presse/hintergrundberichte/2013/HAIYAN_PDF.pdf?__blob=publicationFile&v=4

83 https://annalena-baerbock.de/meine-themen/klimaschutz/

84 https://annalena-baerbock.de/meine-themen/kinder-und-familie/

85 https://www.gruene.de/themen/digitalisierung

86 https://www.gruene.de/themen/einwanderung

87 https://www.gruene.de/themen/fluechtlinge

88 https://www.gruene.de/themen/innere-sicherheit

89 https://www.gruene.de/themen/sauber-autofahren

90 https://www.gruene.de/themen/wohnen

91 https://www.gruene.de/themen

92 https://www.bz-berlin.de/liveticker/brandenburgs-gruene-setzen-auf-baerbock

93 https://www.bundeswahlleiter.de/bundestagswahlen/2017/ergebnisse/bund-99/land-12/wahlkreis-61.html

94 https://www.bpb.de/nachschlagen/zahlen-und-fakten/bundestagswahlen/

95 https://www.spiegel.de/politik/deutschland/bundestagswahl-2017-kann-die-jamaika-koalition-noch-scheitern-a-1169630.html

96 https://www.youtube.com/watch?v=DU-MLZ1qb_k

97 https://www1.wdr.de/unternehmen/der-wdr/unternehmen/phoenix-helge-fust-102.html

98 https://www.youtube.com/watch?v=mdYNNFn_dTY

99 https://www.welt.de/politik/ausland/article169413186/Verschenkte-Jahre-AKP-sieht-Oezdemir-als-Aussenminister-kritisch.html

100 https://www.facebook.com/AnjaPiel/

101 https://www.youtube.com/watch?v=t9pho2VdT3E

102 https://www.zeit.de/politik/deutschland/2018-01/parteitag-gruenen-waehlen-habeck-und-baerbock-zu-neuen-vorsitzenden

103 https://www.zeit.de/politik/deutschland/2018-01/parteitag-gruenen-waehlen-habeck-und-baerbock-zu-neuen-vorsitzenden

104 https://www.spiegel.de/politik/deutschland/gruene-waehlen-robert-habeck-und-annalena-baerbock-a-1190118.html

105 https://www.spiegel.de/politik/deutschland/gruene-annalena-baerbock-als-chefin-wiedergewaehlt-a-1296861.html

106 https://www.ndr.de/fernsehen/sendungen/45_min/video-podcast/Baerbock-und-Habeck-Kurs-aufs-Kanzleramt-,-minuten3366.html

107 https://www.youtube.com/watch?v=mw0o6CukjFQ

108 https://www.focus.de/auto/elektroauto/gruenen-chefin-im-sommerinterview-best-of-baerbock-die-gruenen-loesen-endlich-das-kobold-problem-bei-elektroautos_id_10972692.html

109 https://www.tagesschau.de/inland/innenpolitik/nebeneinkuenfte-baerbock-101.html

110 https://www.tagesschau.de/inland/baerbock-bundestag-nebeneinkuenfte-101.html

111 https://www.bundestag.de/abgeordnete/mdb_diaeten

112 https://www.handelsblatt.com/politik/deutschland/gruenen-kanzlerkandidatin-das-war-ein-bloedes-versaeumnis-baerbock-raeumt-fehler-bei-nebeneinkuenften-ein/27208826.html?ticket=ST-11489020-FaJN1BQdvqpETw3htb6o-ap5

113 https://www.youtube.com/watch?v=Fi12kRsWmBE

114 https://www.youtube.com/watch?v=LMdILqyoaFE

115 https://www.abgeordnetenwatch.de/blog/nebentaetigkeiten/das-sind-die-nebeneinkuenfte-der-bundestagsabgeordneten-1

116 https://www.bild.de/bild-plus/politik/inland/politik-inland/gruenen-chefin-annalena-baerbock-im-interview-wenn-ich-kanzlerin-bin-76402916,view=conversionToLogin.bild.html

117 https://www.tagesschau.de/inland/greunen-chefin-baerbock-will-kurzfluege-abschaffen-101.html

118 https://www.rnd.de/politik/cdu-und-fdp-lehnen-baerbocks-vorschlag-zur-abschaffung-von-kurzstreckenfluegen-ab-Z23LTUKYVLQHE66IR5TJJI4YBY.html

119 https://www.fdp.de/fdp-kontert-gruenen-vorschlag-fuer-verbot-von-kurzstreckenfluegen

120 https://www.tagesschau.de/faktenfinder/baerbock-lebenslauf-101.html

121 https://www.welt.de/politik/deutschland/article231608455/Baerbock-praezisiert-nach-Vorwuerfen-erneut-Angaben-im-Lebenslauf.html

122 https://www.spiegel.de/politik/deutschland/annalena-baerbock-gruene-korrigieren-weitere-ungenauigkeit-in-lebenslauf-a-c89e55c5-ce41-46c6-9f15-c50cd7912b6d

123 https://annalena-baerbock.de/lebenslauf-und-fotos/

124 https://taz.de/Lebenslauf-von-Annalena-Baerbock/!5773040/

125 https://www.youtube.com/watch?v=LZmfkAX61BM

126 https://fridaysforfuture.de/

127 https://www.zdf.de/nachrichten/politik/20210521-baerbock-verliert-deutlich-an-ansehen-100.html

128 https://www.tagesschau.de/inland/greunen-chefin-baerbock-will-kurzfluege-abschaffen-101.html

129 *Der Spiegel*, Nr. 17, 24. April 2012, S. 20.

130 https://www.rnd.de/politik/annalena-baerbock-wie-sich-das-land-unter-einer-gruenen-bundeskanzlerin-veraendern-wuerde-JGAKPQV6IRCMPPC2GY55ZH6HDM.html

Auch als **E-Book** erhältlich

128 Seiten
10,00 € (D) | 10,30 € (A)
ISBN 978-3-7423-1146-7

Partanen, Anita

**Greta**

Ein Mädchen verändert die Welt

Anfangs stand sie einsam vor dem Reichstag in Stockholm, mit einem selbstgemalten Schild in den Händen: »Schulstreik für das Klima«. Heute ist die 16-jährige Greta nicht mehr allein, Millionen Teenager weltweit haben sich ihr angeschlossen, um für eine konsequentere und gerechte Klimapolitik zu demonstrieren. Dieses Buch erzählt die Geschichte von Greta Thunberg, der Ikone der »Fridays for Future«-Bewegung. Es ist die Geschichte einer Rebellion gegen die Ignoranz der Politiker und Lobbyisten, die im Begriff sind, die Zukunft der Menschheit zu verspielen. Wer ist dieses Mädchen, das den Klimaschutz so radikal in unsere Tagespolitik zurückgeholt hat? Anita Partanen beschreibt, wie sie lebt und was sie fordert, welche Anfeindungen sie ertragen musste und wo ihr Weg sie noch hinführen wird.

riva